U0459454

高校网球教学理论与实践研究

孙立红◎著

吉林出版集团股份有限公司

全国百佳图书出版单位

图书在版编目（CIP）数据

高校网球教学理论与实践研究 / 孙立红著 . -- 长春：
吉林出版集团股份有限公司 , 2022.11
ISBN 978-7-5731-2811-9

Ⅰ . ①高… Ⅱ . ①孙… Ⅲ . ①网球运动 – 教学研究 –
高等学校 Ⅳ . ① G845.2

中国版本图书馆 CIP 数据核字 (2022) 第 233226 号

高校网球教学理论与实践研究

GAOXIAO WANGQIU JIAOXUE LILUN YU SHIJIAN YANJIU

著　　者	孙立红	
责任编辑	息　望	
封面设计	李　伟	
开　　本	710mm×1000mm	1/16
字　　数	200 千	
印　　张	12	
版　　次	2023 年 3 月第 1 版	
印　　次	2023 年 3 月第 1 次印刷	
印　　刷	天津和萱印刷有限公司	

出　　版	吉林出版集团股份有限公司
发　　行	吉林出版集团股份有限公司
地　　址	吉林省长春市福祉大路 5788 号
邮　　编	130000
电　　话	0431-81629968
邮　　箱	11915286@qq.com
书　　号	ISBN 978-7-5731-2811-9
定　　价	72.00 元

版权所有　翻印必究

作者简介

孙立红，女，毕业于山东师范大学体育学院，硕士研究生。现就职于山东财经大学体育学院，副教授。2018年被中国农工民主党山东省委员会评为"优秀农工党员"。2015年获山东省第二届高等学校教师基本功大赛二等奖，2021年获得省级微课比赛一等奖。发表核心期刊论文5篇，参与省厅级课题2项，主持校级教改课题1项，出版学术专著1本，获得国家发明专利2项。

前　言

　　网球运动历史悠久，从法国起源，诞生在英国，最终在美国国内掀起了流行的风潮。现在，网球运动已经流行于全世界，成为世界第二大的球类运动。到如今，网球运动传入中国已一百多年。随着我国社会的进步和经济的发展，网球运动也得到发展和普及，被越来越多的人所熟知和喜爱，在中国的影响逐步扩大。近年来，在国内外网球运动发展的影响下，越来越多的大学生开始了网球运动，也成为备受我国大学师生喜爱的一个运动项目。为了适应高校网球运动教学的需要以及学生的网球学习、锻炼和发展的需要，教师要在进行网球运动教学的同时，向学生讲述网球理论知识并给予他们实践指导，以便他们更好地学习网球。这样不仅能够进一步推动高校网球运动的发展，还有助于网球运动的理论与实践研究。本书的内容能够丰富和完善学生的网球基础知识和运动理论体系、促进高校学生网球运动水平的提升，更能够从科学层面帮助学生提升自己的网球实战水平。

　　本书第一章为网球运动的概述，介绍了网球运动的起源和发展、网球运动的特点和价值、网球运动的场地和器材、网球运动的礼仪和文化四个方面的内容；第二章为高校网球运动教学理论基础，主要介绍了三个方面的内容，分别是高校网球运动教学的现状、高校网球运动教学的理论与原则、高校网球运动教学的有效方法；第三章为高校网球技术教学与训练，分别介绍了十个方面的内容，依次是握拍法、正手击球、反手击球、发球、接发球、截击球、高压球、挑高球、放小球、步法练习；第四章为高校网球战术教学与训练，依次介绍了网球单打战术教学与训练、网球双打战术教学与训练、网球心理素质战术教学与训练三个方面的内容；第五章为大学生网球运动身体素质训练，主要介绍了五个方面的内容，分别是力量素质训练、速度素质训练、耐力素质训练、柔韧素质训练、协调素质训练；第六章为网球运动的营养补充与损伤处理，依次介绍了网球运动与大学生运动营养补充、网球运动与大学生运动损伤处理两个方面的内容。

在撰写本书的过程中，作者得到了许多专家学者的帮助和指导，参考了大量的学术文献，在此表示真诚的感谢！本书内容系统全面，论述条理清晰、深入浅出，可限于作者水平，加之时间仓促，本书难免存在一些疏漏，在此，恳请同行专家和读者朋友批评指正！

目 录

第一章 网球运动概述

网球运动被称为世界第二大球类运动，目前已在世界各地盛行。本章分别对网球运动的起源和发展、特点和价值、场地和器材、礼仪和文化四方面进行了阐述。

第一节 网球运动的起源和发展

一、网球运动的起源

据学者研究，网球起源于 10 世纪左右的一种使用双手进行击球的游戏，在随后的发展和演变中，成为世界上第二大的球类运动。网球在一开始是一种徒手对墙的运动，后来逐渐转变为双人的击球运动。双方的场地界限是由一根绳子分隔开的，网球的材质是布料，填充物是毛发，最初在室内进行，后来转为室外，这就是古式网球的雏形。有关这种掌击球游戏的起源地，有多种说法：一种说法认为起源于法国，另一种说法认为起源于爱尔兰，还有一种说法认为起源于古希腊、古埃及、波斯（现伊朗）、罗马及阿拉伯。网球跟随着时代潮流的发展而发展，人们先是模仿掌击球游戏的模式，使用手套作为击球的工具，随后又使用球拍进行击球的运动。而正是人们开始使用球拍进行击球，网球也从最初的一项游戏活动，转变为一项体育活动。

到了 14 世纪，法国王室将一枚网球赠送给了当时的英国国王亨利五世。当时这种球的表皮是用埃及坦尼斯（Tennis）镇所产的最为著名的绒布——斜纹法兰绒制作的，英国人就将这种球称为 "Tennis"，并且流传下来，直到现在我们使用的球还保留着一层柔软的绒面，"Tennis" 一词也就成为网球运动的专用语。英国国王爱德华三世非常喜欢这项体育运动，并在自己的皇宫中建造了一座室内的网球场地。从此，在英国的上层社会中，网球变成了一项非常流行的球类运动。网球后来也被人们称作"贵族运动""皇家网球"，就是因为网球在一开始只在法国和英国的上层阶级中流行，另外在这个历史时期，室内的网球也较为流行。

到了 16 世纪，法国的国民也开始效仿王公贵族们，并对网球进行了改良，使网球很快在法国国内风靡起来。人们对球体进行了加固和改进，拍子的材质也得到了提升，从木板变为羊皮的纸板，球拍握把的长度也进行了延长，另外拍面的面积也得到了扩大。场地中间用来划分场地的绳子底下，也增加了一些绳子，而且对绳子的宽度也进行了延长，这样能够使网球的越界行为更容易被人们观察到。后来法国的国王路易斯下令，民间不得进行网球运动，网球只能在宫廷中进行。网球发展到了 17 世纪，场地之间不再使用绳子进行划分，而是使用网帘，网帘是由一个又一个的小格子组成的，球拍也变成了穿线的，更加轻便且易于击打。在之后的一段时间里，古式网球在法国、英国、德国以及整个欧洲开始普及开来，并形成了每局 0、15、30、40 的计分法。同时与对手分开的绳子也被真正的网取代了，弹性不好的布制球和皮制球被橡胶球代替。球拍也随之进行了改进。

英国少校沃尔特·克洛普顿·温菲尔德是一名古式室内网球的专家，在羽毛球规则的启发下，他将室内网球和羽毛球运动的特点相结合，发明并设计出了一种在户外开展的网球运动，为这种网球运动的球场、规则和设备申请了专利，由于他对网球发展做出了杰出贡献，被授予维多利亚女王奖章，他的半身像直到现在还矗立在伦敦草地网球协会所在地的大厅中。

1874 年，美国人玛丽·奥特布里奇从英属百慕大结束度假后，将网球的设备带到了纽约，并在一个其他球类的俱乐部中建起了网球场地，这个场地位于纽约附近的斯特誉岛上。这是网球引入美国的标志性事件。在这之后，网球运动很快在纽约、新港、波士顿、费城等城市流行起来。在两次世界大战期间，除美国外，其他国家都因战争的影响而停止了网球比赛，但网球运动在美国没有停滞，而且取得了极大的发展。时至今日，美国的网球运动水平仍然处在世界的前列。

1875 年，网球运动开始在 8 字形的球场上获得了发展，英国板球俱乐部又开设了一片新的草地网球场。随后，玛利博恩板球俱乐部又为网球运动制定了一系列规则，在一定程度上也促进了网球运动的发展。

1877 年，全英板球和草地网球俱乐部，由亨利·琼斯担任裁判，他与其他三名会员修订了网球规则。确定网球的球场形状为长方形，长 23.77 米（78 英尺），宽 8.23 米（27 英尺），发球线距网 7.92 米（26 英尺），网中央高度为 0.99 米（3英尺 3 英寸）。发球的一方，前脚的位置应该处在端线之前，后脚的位置应该在端线之后，发球局中每一分的发球允许失误一次，第一次失误不失分。并且沿用了古式室内网球的计分法，也就是每赢一个球按 0、15、30、40 的分数计分。亨利·琼斯制定的规则一直沿用至今。

制定出了新的规则之后，在英国伦敦附近的温布尔登建造了几个新的草地网球场，并在当年 7 月举行了第一届草地网球锦标赛——第一届温布尔登锦标赛，这场比赛的参加者为 22 名男性选手。温布尔登锦标赛的成功举行，标志着现代网球运动正式诞生。

1878 年，网球的专家们又修改了网球的规则和运动的标准场地。增加了双打项目，场地两边各增加 1.37 米（4 英尺 6 英寸），发球线距网的距离缩短，从原来的 7.92 米（26 英尺），修改为现在的 6.40 米（21 英尺）。1882 年，又将网高降至现在的高度，中央为 0.914 米（3 英尺），两端为 1.07 米（3 英尺 6 英寸）。这个网球场地的面积规格及球网的规格保持至今。

近代网球的运动规则被人们熟知之后，网球运动迅速风靡了世界各地。网球不仅在英国、法国和美国等地得到了稳定的发展，在日本、印度、南非、斯里兰卡、瑞典、比利时、德国、加拿大、澳大利亚、捷克斯洛伐克等国家中的发展也比较迅速。很多国家都在积极举办网球比赛，并成立了自己国家的网球协会。网球运动正式步入了发展的阶段。

二、网球运动的发展

1881 年，美国全国草地网球协会作为世界上首个全国性网球协会正式成立了（1920 年更名为美国草地网球协会），并确定了网球的标准规则。在同年的 8 月31 日至 9 月 3 日，美国全国草地网球协会在罗德岛的纽波特港举办了首届美国草地网球锦标赛，参赛者为 26 名男性选手，项目为男子单打和男子双打，比赛的规则和第一届温布尔登锦标赛规则相同。

1884 年，温布尔登锦标赛在历史上首次增加了女子单打的项目，共有 13 名女性选手参加，冠军为玛蒂·沃森。

从 1878 年开始，网球随着英国的殖民活动被传播到了全球各地，如在 1878 年网球进入加拿大，第二年传入瑞典。印度、日本、澳大利亚都是在 1880 年传入的，南非则是在 1881 年传入。

网球在 19 世纪 90 年代进入了发展的第一阶段，许多国家和地区都相继成立了网球协会，并纷纷开始在不同时间举办网球赛事。例如，英国草地网球协会成立于 1888 年，澳大利亚草地网球协会成立于 1904 年。

1913 年 3 月 1 日，国际网球联合会在法国巴黎成立，它代表着世界网球的最高一级组织。国际网球联合会的成立标志着网球发展到了一个新的阶段，更加方便了网球运动在全世界范围内的发展。

1915 年至 1934 年，第二届至第十届远东运动会上出现了中国男子网球队的身影，女子网球队则是参加了第六届至第十届远东运动会的表演赛。中国队的邱飞海、林宝华在第八届远东运动会上荣获冠军。

20 世纪 20 年代和 30 年代是网球发展史上的一个辉煌时期，网球比赛中优秀的选手层出不穷。最为著名的是美国选手唐·巴基，他是网球比赛历史上第一个获得大满贯的选手，获得了澳大利亚、法国、温布尔登和美国四大公开赛的冠军。第二次世界大战后，澳大利亚和美国的网球选手获得了更多的成就，并不断创新和发展网球的运动技术，双手握拍击球技术发展成为一项基本的技术。

1924 年，中国的选手第一次参加了英国的温布尔登网球锦标赛，1928 年，中国开始从留学生群体中挑选网球比赛球员。因为当时在我国，网球运动的普及率并不高，所以在击球的技术和战术上都不敌外国的选手，虽然我国六次派队参加戴维斯杯的比赛，但都未能晋级第三轮。

被誉为"网球新星"的归国华侨许承基曾获得当时第六届全运会网球男单冠军，还多次作为中国选手赴美参加戴维斯杯赛。他获得过 1937—1939 年的英国伯明翰杯赛冠军，在 1938 年的温布尔登网球锦标赛上被列为第八号种子选手。中华人民共和国成立后，党和政府对网球运动的发展给予了高度的重视，网球运动技术和水平与国际社会接轨，选手运动的能力也得到了显著的提高。

1953 年，四种球类运动会在天津举行，并首次将网球项目增加到了运动中，全国网球锦标赛于 1956 年举行。从那时起，每年都会举办全国性的网球比赛。

自 1958 年以来，还举办了面向青少年群体的网球比赛。

中国网球协会在 1956 年正式成立，第一任的协会主席是孙耀华。1964 年，吕正操成为第二任中国网球协会主席。1982 年，国务院总理万里成为中国网球协会的名誉主席。1980 年，国际网球联合会正式接纳中国网球协会为正式会员。1994 年，网球管理中心由国家体委设立。1995 年，《网球天地》期刊正式创办。

随着我国网球运动的不断发展，我国选手也开始在国际网球的赛场上崭露头角。我国选手李心意在 1986 年第十届汉城亚运会上，获得了单打冠军的好成绩。在北京举行的第十一届亚运会上，我国选手获得了三枚金牌，分别是男团冠军、男单冠军、男双冠军，另外还有三枚银牌和一枚铜牌。1991 年，在联合会杯网球团体赛中，我国的女队在 58 支队伍中进入了前 16 名；中国网球运动员李芳在国际网球联合会的排名中，进入了前 50 名。

虽然我国一直在网球运动的领域中获得进步，但我国选手仍然不能进入世界排名的前列。在 1994 年年终的国际网球联合会排名中，我国男选手潘兵列 215 位，夏嘉平列 313 位；女选手李芳列 66 位，陈莉列 233 位，唐敏列 237 位。

20 世纪 70 年代，网球运动在世界也得到了空前的发展。在美国、法国、英国、德国、瑞典、澳大利亚等一些网球强国中，人们对网球运动的热情与日俱增。据统计，到 1983 年美国经常打网球的人就有 4000 多万，其中青少年占了 2000 多万；在意大利，有 3000 多个网球俱乐部，会员有 100 万人；在法国，仅注册的会员就有 150 万人；在墨西哥和澳大利亚，几乎所有的人都会打网球。随着体育运动的不断推广，网球运动的普及程度不断提高，很多国家都涌现出了世界级球星，打破了美国、澳大利亚等少数国家一统天下的局面。

在世界体坛所有的运动项目中，网球比赛是较为频繁和活跃的。特别是从 1968 年规定业余和职业选手都可参加同一比赛之后，网球比赛的次数、名目就更多了。锦标赛、大奖赛、公开赛、挑战赛、巡回赛、总决赛等各种赛事几乎在每个月都会举行。目前，世界上每年举行的网球大赛，在男子方面达到了 100 多次，在女子方面也将近 100 次。

随着网球运动的影响力不断扩大，网球运动领域的专业组织也在相继成立，网球也在不断向着职业和商业的方面发展，不同国家选手们之间的竞争逐渐激烈。网球是世界上第二大球类运动，由于独特的魅力和逐渐创新的技术，网球运动正在收获越来越多的粉丝和参与者，成为人们体育锻炼和日常生活中不可缺少的一部分内容。

第二节　网球运动的特点

网球运动自诞生之日至今的数百年来，由最初的皇家贵族运动发展成为一项现代老少咸宜的大众体育项目，与其本身所具有的特点是分不开的。网球运动有以下几个特点：

一、快速有力的空中击球

网球在比赛中的招式是非常繁多的，比如各种的击球方式，都必须通过两种途径，一是用球拍直接击打空中来球，例如：截击、高压球等。二是击打通过地面反弹后的来球，这是球场上运用最多的击球方式。另外还有发球，就是将球向空中抛起，然后在空中用球拍向对方场地发球区击球，一般球的速度比较快，力量比较大。网球运动员通过大量的训练，可以很好的提高他们的时间和空间感。

二、独具一格的发球方法

网球运动规则中明确规定，在一局比赛中，一名球员连续发球，直到结束，这一局的比赛就叫作发球局；每名选手在发球局的每一分发球中都有两次的发球机会，如果第一次发球失误，还有第二次发球的机会，这使得发球更有力。因此，发球的一方选手在比赛中占据了先手的优势。

三、与众不同的记分方式

每场网球比赛以 15、30、40 和平分的计分方式进行，每盘比赛一般为 6～13 局之间。从中世纪开始，一单元就有 15 分。根据天文六分仪的测算方法，圆形可以被分为均等的六份。每一份是 60 度，每一度是 60 分钟，每一分钟是 60 秒。反过来表述，4 个 15 秒是一分，4 个 15 分是一度，4 个 15 度是 1 份。然后将 4 个 15 为一个常数作为计数的方法，即得 1 分的球标记为 15，得 4 分的球为 1 份，得 4 份的球为 1 盘比赛。后来的比赛制度规定，将一盘比赛分为 6 份，也就是 6 个回合的比赛，这样就可以按照圆形的划分方式进行分数的计算。因此，后来有人做出了规定，得一分记为 15，得两分记为 30，得三分记为 40，如果两位选手都得了三分（记为 40），在这时成为平局，想要胜利必须再得两分。一方先胜 6 局为胜一盘，如双方各胜 5 局平时，则一方必须净胜两局才算胜一盘，这种方法称为长盘制。"国际网联"规定局数 6 平后，第 13 局可采用决胜局记分制。先得 7 分者为胜该局，如比分 6 平后须净胜对方 2 分为胜该局。这种方法为短盘制，主要是为了缩短比赛时间。

四、难以控制的比赛时间

无论是在网球的正式比赛还是平时的练习中，如果选手的水平较为接近的话，比赛的时间就会拉长。在规范的网球比赛中，男子比赛为五盘三胜制，女子比赛为三盘两胜制。平均比赛时间在 2 小时至 5 小时之间，甚至会出现 6 个小时以上的比赛时长。在比赛时间长、时间晚的情况下，有的时候会中止比赛，在第二天继续比赛。

五、比赛强度大

在比赛双方水平相当的情况下，因为比赛的时间会变得非常长，所以完成一场比赛对双方选手的体力都提出了很大的要求。在所有隔着网进行比赛的运动中，网球场上的人数是最少的，在一场比赛中，选手的跑动次数非常多。统计显示，一场非常精彩的网球比赛，男子可以跑近 6000 米，击球数千次，女子则为 5000 米。在其他竞争性比赛中，很难看到如此高的比赛强度。因此，进行网球运动以及参加比赛对运动员的身体素质、心理承受能力都有很高的要求。

六、心理要求高

在网球比赛的过程中，教练是不能进行场外指导的，除非在交换场地时才可以，手势上的暗示也是不被允许的。整场比赛主要依靠选手自己在日常训练中的积累，比赛胜利的关键不仅是高超的击球技术，还需要选手们具备良好的心理素质。

七、运动适宜人群普遍

网球获得了非常多运动人士的喜爱，并在全世界的范围内流行开来。网球的优势在于，它不仅可以让参与网球活动的人锻炼身体的体能，而且还能在运动中收获快乐。网球运动非常适合大多数人进行锻炼，并且对于参与者的身材也没有什么要求。

第三节　网球运动的场地和器材

一、网球场地

（一）网球场地的变迁

法国出现得最早的网球场，在一开始只是一个四边形的场地，通常是由建筑物围成的，位于法国城堡的中庭或者是修道院中。在那时网球还处于起步阶段，只是游戏项目中的一种。

在 16 世纪和 17 世纪，网球这项运动获得了极大的发展，鼎盛时期，仅巴黎就有超过 1800 个网球场。1686 年法国的凡尔赛宫花费了多个巨资修建了多个网球场。

1874 年温菲尔德少校将如今的网球形式引入了英国。因为它有利于人的健康，男女都能参与，在人们的喜爱中逐渐传播开来。温菲尔德少校并没有说明网球运动场地的材质，但要求球场表面必须是平整的。当时网球运动在英国也非常流行，所以新设计和建造的网球场大部分是草地。温菲尔德少校设计的第一个球场是沙漏形的。由于人们主要使用底线球的打法，所以底线球场的区域会更大一些。但随着场地的改进和发展，场地的形状逐渐从沙漏的形状变为长方形。

1875 年英国板球俱乐部起草了网球的规则。在这时伦敦郊外温布尔登的球场的形状变为长方形，长 23.77 米，宽 8.23 米，发球线距网 7.92 米，网高 0.99 米。1877 年 7 月全英板球和草地网球俱乐部成为全英板球俱乐部的新名称，并举办了首届温布尔登男子网球单打比赛，俱乐部也对场地进行了统一的规定，与温布尔登的球场一样，都是长 23.77 米，宽 8.23 米，这个规制就一直沿用至今了。

在接下来的几年里，网的高度是可以在比赛的过程中随时调整的。如果比赛时长过短，网就会被抬高，反之则会被降低。到了 1882 年，球网的高度才最终被固定下来：中间部分 0.914 米，两侧为 1.07 米，发球区域的长度也缩短了，最终确定为 6.4 米。1890 年比赛的规则也最终确定下来了，在网球的发展过程中，只有个别的小规则进行了变化，其他的内容直到今天也没有什么太大的变化。

（二）网球场地的类型

戴维斯杯比赛的场地甚至有许多不同的类型，这是国际网球联合会的一部分规则。

根据球在不同场地上的反弹水平，网球场可分为以下几类：一是慢速球场，包括黏土、其他土质的球场等；二是中速球场，球场的材料一般为人工合成的材料，如油漆地板等；三是快速球场，球场的材料也有人工合成材料，但是会比较光滑，如硬木地板等，草地也是快速球场的一种。当然，这样的划分标准不是很详细，在两个材料相似的地板球场上，球的反弹力也可能会产生差异。事实上，球场越硬，表面越光滑，球的反弹程度就越小。

网球场地依据不同的面层材料，可大致分为天然草地、沙土地、硬地、塑胶场地等。

天然草地是一种传统性比赛场地，每年一届的英国温布尔登网球锦标赛就是在草地上进行的。球在草地上又快又滑，球速很快，因此这种场地适合发球上网型的选手。

在沙土地上开展的网球比赛，地面反弹力较小，球落地后反弹速度较慢，属于慢速场地，如法国网球公开赛使用的就是红土地。

硬地的地面多是铺着水泥或沥青的场地，因此球落地后反弹力较大，反弹得又高又快，属于快速场地，在群众性网球活动中比较多见，而正规的网球比赛已经不在这种场地进行了。目前国际性的网球比赛都是在草地、沙土地和塑胶场地上举行的。

塑胶场地是一种在钢筋混凝土或沥青结构地面上浇铺一层丙烯酸酯面层的场地，这种场地现在被世界各国广泛采用，如澳大利亚网球公开赛和美国网球公开赛等都使用这种场地。塑胶场地的最大优点是耐磨、抗晒、色彩鲜艳、球的弹跳均衡、利于运动员的移动，极大地保护了运动员的下肢各主要关节，利于运动员技术水平的发挥。

网球场也有室外球场和室内球场两种类型，球场的表面也有很大的差异。经济水平决定了场地的类型。

就现在网球比赛使用的场地来看，场地主要有草地、红土、硬地和地毯场等不同的球场类型。下文就分别介绍六种主要的球场类型。

1. 草地

草地是最古老和最具有传统色彩的一种球场类型。由于场地对草的质量和规格提出了较高的要求，有些草籽不能适应当地的环境条件，而场地所在地的气候是不同的，因此建造之后也需要更加细心和周到的维护，而在这个过程中，需要更加昂贵的费用，所以草地球场尤其是用于正规大型比赛的草地球场是难以得到广泛推广的。草地还应该具备较好的排水系统，最上面一层是精挑土壤，有 7.5 厘米厚，下面一层是畅通层，有 15 厘米厚，这两个层面共同组成了非组织结构渗透层。底土层面之上还有 44 厘米宽的排水道。球场的周围地面也进行了建设，材质是长条形状的条板、混凝土。目前为数不多的职业草地网球赛，几乎都集中在了 6 月和 7 月两个月份，举行的地点都是在英国国内。温布尔登锦标赛是其中历史最悠久和最有名的一个专业赛事。草地球场的特点是，当球落地时，球和地面之间的摩擦力非常小，球会很快地从草地上反弹，选手需要具备很高的反应能力和敏捷性，另外选手还需要提高自己的奔跑速度。由于场地的特点，也决定了选手们更加适合使用"攻势网球"的技术，如果想要获得胜利，就要掌握多样的上网强攻战术，如发球上网、随球上网等技术是胜利的关键，然而草地的网球场地不利于底线型选手技术的发挥。

2. 人造草地

人造草地的场地是天然草地场地的替代品，其内部结构和地毯非常相似，只是基座由尼龙的材质制成，在基座上面铺有短束的尼龙纤维，纤维中的填充物主要是细砂，以固定纤维的位置。人造草地的场地需要一个平坦、坚实的基底，并且还需要一个良好的排水系统，由于白色的边界直接融入周围的环境，避免了许多维护问题，因此人造草地的场地可以在全天候进行使用，维护的时候只需要让纤维保持直立，并增加细沙就可以了。

3. 软性场地

虽然大家并不是很熟悉软性场地的名称，但是都很熟悉法国公开赛的著名场地——红土球场，红土球场就是最为著名的一个"软性球场"。此外，软性球场的材质中还有沙子和泥地等多种类型。软性球场的球场表面并不是非常坚硬，表面有一层细小的沙子或砖屑，它的特点是球落地时与地面产生的摩擦力很大，球的速度相对较慢，球员在跑动时可以有更大的摩擦力，这样更加方便紧急地转弯，这些特点决定了选手想要获得胜利必须有更好的心理素质和更好的跑动能力。在这种软性场地上打球，对选手来说是一个较为困难的事，最主要的是考验选手们在底线的击球技术。球员们通常要在底线上与对手进行耐心的周旋，往往不是谁更经常上网就能获胜，而是更能够在底线上坚持住的一方才可能获胜。

软性场地虽然成本较低，但它们相当难维护，比如场地需要经常性的浇水、平整、做标记和扫线，下雨之后也会增加滚压等很多工作。因此，使用场地的人应该多多爱护。

4. 硬地

硬地球场是网球运动中最常见和最广泛使用的一种球场类型，在大多数的网球赛事中使用得非常频繁。硬地球场的材质通常是沥青和水泥，这样的材质更加方便维护和清理。球场表面覆盖着红绿相间的塑胶，表面平整而坚硬，球的弹跳规律非常好把握，但球弹跳得非常高。职业选手则认为，在硬地球场打出来的球爆发力更强。然而，硬地球场的表面非常坚硬，初学者很容易在坚硬的地面上磕碰，所以在练习的过程中有必要重视对膝关节和踝关节的保护。

在硬地球场上打球，网球和球拍的磨损均比在其他场地快，因为场地表面粗糙，导致球速很快，网球易磨损，球在磨损之后很容易把网球拍划破。身体上的关节也会因为长期在硬地上活动，而产生一定的损伤。

5. 合成塑胶场

合成塑胶场的材料与田径跑步场的材料属于同一种类型，场地的基底是钢筋混凝土或者是其他类似的材料，表面覆盖着用特殊黏合剂粘在一起的合成塑料颗粒。合成塑料颗粒的大小、颗粒的分散性和它们的特性共同决定了场地的总体弹性和硬度。合成塑胶场色彩鲜艳，易于维护，可以安装在室内和室外，是建设公共网球场地的最佳选择。聚氨酯塑胶场地和丙烯酸塑胶场地是合成塑胶场的两种不同类型。

用于制造聚氨酯塑胶场地的主要材料是聚氨酯橡胶。这种材料厚而灵活，特别适合安装在运动场上作为跑道的材料，但是聚氨酯橡胶如果出现了变形或者其他的问题，球场的地面就会让网球的运动轨迹发生改变，也就是说，网球可能出现弹跳不均匀的现象。此外，网球鞋鞋底可能会和场地的表面产生反作用力。脚感不太舒服，给人一种阻碍跑步的感觉。然而，由于聚氨酯橡胶有一定的防滑性和防水性，因此能够铺设到一些有裂纹的水泥地面上，或者是表面较为粗糙的球场上。

丙烯酸塑胶场地在目前的国际比赛中被普遍使用，这种场地比较稳定，不会受到恶劣天气或者是环境变化的影响。场地的表面坚硬耐磨，使用寿命长，不容易发生变形；颜色的种类也比较丰富，而且还具有抗紫外线的作用，颜色不容易消失。修理或者是维护都很方便。此外，该材料还具有环保的特性，不会对人体和环境产生伤害。缺点是它的地基是混凝土或沥青，这两种材料都比较硬，所以如果在缺乏热身的情况下就在这种场地中进行激烈的运动，人的身体可能会受到损伤。

6. 网球地毯

地毯场也是网球场地的一种类型，具有可携带的特性，球场的表面有塑料面、尼龙编织面等多种类型，通常用一种特殊的黏合剂，就可以将地毯粘贴到地面上了，可以粘在沥青、水泥、混凝土多种地面上，有的甚至可以直接涂抹或粘在任何有支撑的物体表面，这种的地毯场地非常方便，易于移动，而且能够和多种地面适配，它们可以在室外、室内和屋顶使用。网球的速度取决于地面的平整性和地毯表面的粗糙度。只要保持地面的干净、地毯不破损也没有积水就可以使用，并且很容易维护。还有一些小型的地毯场比较适合儿童和学生进行网球训练。

（三）网球场地的规格

网球场地的形状是长方形的，长 23.77 米（78 英尺），单打和双打比赛的场地是不一样的，单打比赛场地宽 8.23 米（27 英尺），双打比赛场地宽 10.97 米（36 英尺）。

球场有两个部分，分界线是一条球网，球网通常挂在绳子或者是一条钢丝绳上，绳子或者钢丝绳被挂在场地两侧的两根网柱上，这两根网柱都有 1.07 米（3.5英尺）高。球网呈现一个伸展的状态，并且和网柱之间不留有空隙，网中的孔应足够小，以防止球穿过它们。球网的中央部分高 0.914 米（3 英尺）。

球场的底线是球场前后两端的界限，球场的边线是球场左右两端的界限。

在两条单打边线之间画出两条距球网 6.40 米（21 英尺）并且与球网平行的线，这两条线称为发球线。发球区就是在发球线和球网之间的区域，并且被一条发球中线划分为两个相同的部分，发球中线的位置和边线的位置平行，到两侧边线的距离都是相等的。

每条底线都被中心标志分成两个部分，中心标志长 10 厘米（4 英寸），而且它和边线是平行的。发球中线和中心标志的宽度是相同的，都是 5 厘米（2 英寸）。场地的线，底线是最宽的，为 10 厘米（4 英寸），其他线最窄要宽于 2.5 厘米（1英寸）和 5 厘米（2 英寸）之间。

所有场地的测量需从线的外缘开始，场地上线的颜色是一致的，并能够和场地本身的颜色区分开来。

二、网球器材

（一）球

网球比赛所用球一般为黄绿色。由橡胶化合物制作而成，外表毛质均匀，接缝处没有缝线。球的直径为 6.35～6.67 厘米，重量是 56.7～58.5 克，球的弹力为从 2.54 米的高处自由落下时，能在硬地平面弹起 1.35～1.47 米高，在气温为 20℃时，如果在球上加压 8.165 千克时，推进变形应大于 0.559 厘米，小于 0.737厘米，复原的平均值为 0.89～1.08 厘米。

这两种变形值是对球的三个轴方向所施的试验后读数的平均值。在每一种情况下任何两个数据之间的差异不能大于 0.076 厘米。

下面是三种符合网球规则，可用于比赛的球：快速球，一般用在慢速球场；中速球，一般用在中、快速球场；慢速球，一般用在快速球场。

（二）球拍

1. 球拍的使用与保养

除了知道如何选择球拍外，也要知道在平时的练习中如何保护球拍。

（1）放置在能避日照、防潮湿的地方

阳光和热量会让球拍本身产生变化，改变球拍原始材料的物理和化学特性，导致框架变形，如果产生了严重的变形，使用者甚至不能握住拍子。此外，潮湿的空气会导致球拍和弦线等位置出现发霉的现象，如果球拍的材料是金属的，那么可能会出现锈迹等。

（2）防止冬季冷冻

温度如果低到了一定程度，球拍的软硬程度会发生改变，硬度较高的球拍会变得更硬，硬度较低的球拍会产生不好控制的问题。球拍的弹性也会受到低温的影响，导致其灵活性降低，有的拍线还会因此断裂。因此，在冬季，球拍应该放在专用的拍套中，拍套中的夹层可以更好地保护球拍，以避免球拍暴露在冷空气中。

（3）切忌用球拍敲打硬物

无论球拍的材料是什么类型的，它们总是会呈现出坚硬的特点。由于不同材料具有不同的硬度，球拍不应该和坚硬的地面或者其他物体进行接触，否则会出现断裂的现象，从而使得球拍出现不能正常使用的情况。

（4）习惯使用网球拍的保护产品

使用者需要为网球拍准备一个专业的球拍袋子。球拍袋可以使球拍隔绝空气中的水蒸气和阳光中的各种物质，尤其是对于使用羊肠线的球拍，这一点更加重要。在袋子里放一个干燥包也是个好主意，可以更好地保护羊肠线，还可以准备一小瓶拍线油，如果打球的那一天气温过高，就可以在弦线上涂抹拍线油。

（5）重视球拍配件的重要性

许多的球拍配件实际上起到了非常重要的保护效果。如果握把使用时间过长，或者握把坏了还没有更换，汗渍就会对握把产生破坏作用，也会影响到选手水平的发挥。为了避免肘部受伤和弦线的损坏，避震胶块和弦线保护扣的检查也应该日常化。

（6）使用正确的球拍穿线方法

掌握正确的球拍穿弦线方法。为避免框架负荷不均或因长期负荷而导致变形，最好在不使用球拍时候，不要穿弦线。出现断线，应尽快切断剩余部分的弦线。否则框架长期承受不均匀的载荷，也会产生变形的情况。

（7）交替使用两支同样的球拍

在打球时，不要过于频繁地使用同一只球拍，这样会导致球拍的寿命缩短。我们要养成交替使用两个相同的球拍的好习惯，这样能够延长球拍的使用时限。

2. 球拍的类型

网球拍主要有木质球拍、铝合金球拍、钢质球拍与合成材料（尼龙、石墨、碳素、钛等）球拍几种。最早的网球拍全是木制的。进入 20 世纪 80 年代，碳素、石墨等新的合成材料被广泛用于球拍制造，球拍制造工艺有了新的突破，由于采用新材料，减轻了球拍的重量，击球时的震动也减小了。

20 世纪 60 年代，网球拍基本上都是木质的。到了 20 世纪 70 年代，金属材质的球拍发展得更好，占据了网球拍的市场。今天，碳纤维、玻璃纤维、克维拉纤维、高张力碳纤维、钛和其他单独或组合使用的复合材料在全世界范围内得到了广泛应用。主要是因为这些复合材料比木材或铝材更轻、更硬、更强、更容易吸收冲击和振动。这些创新的材料也使得制造商家在球拍的硬度、球感以及击球的设计上有了更大的创新空间。

在购买球拍之前，应了解球拍的材质，但是有很多制造商只是添加了一点他们声称使用的材料，根本起不到材料所应该发挥的作用。随着时代的发展，制造网球拍的材料也变得越来越精密了，材质更加靠近宇航工业和军事工业中使用的材料。在过去的 20 年里，网球拍的制造水平的提升主要是由于金属材料和化学材料的工艺水平不断提升。当然，这些新材料和新技术的使用不仅是市场激烈竞争的结果，也是网球运动快速发展的需要。网球拍制造材质中已经使用了超刚性碳纤维、高张力碳纤维、碳纤维、玻璃纤维、钛、克维拉纤维等多种材质。球拍的质地也变得越来越硬，所以击球的速度也就变得越来越快，球的力量也越来越大。网球拍的制造水平一直在提升，但更硬的球拍不可避免地降低了球拍的减震和回弹能力，初学者在没有学会如何运用自己的力度之前，身体和关节都容易受到一定的损伤。

因此，了解网球拍中使用的材料和是否有减震的设计是非常重要的，初学者和年轻的选手应该选择有缓冲的，并且是中等硬度的球拍。

需要格外注意的是，制造商的目标是制造出材质比较坚硬的球拍，但最适合选手和学习者使用的是硬度适中、减震效果好的球拍。

各种材质的网球拍都有优点和缺点，因此网球爱好者应根据自己的技术水平、身体素质、性别、年龄、经济状况等条件去选择合适的球拍。目前，铝合金和碳素合成的球拍往往受到网球爱好者的广泛喜爱，铝合金球拍价格便宜、耐用，比较适合初学网球者。而当网球技术水平进一步提高时，可选择碳素合成的球拍，同时这也对网球技术的提高有一定的帮助。一般来说，少年儿童应选择短球拍，然后再使用成人球拍，女士选择轻型球拍，男士一般要选择中型头球拍，中型头球拍较适合打底线，力量型的球员要选择拍架坚固的球拍。

在选择网球拍时，适合本人使用的球拍拍柄粗细的尺寸，大约等于本人的中指指尖到手掌第二掌线的长度。或者用正确的握法握拍时，拇指和食指的指尖正好斜对在一起。

正式比赛中所用的球拍要符合网球比赛的规则要求。

（1）拍面大小

网球拍的拍面有不同规格，不同的拍面类型会有不同的特点，根据网球球拍拍面的大小，网球拍划分为四种类型：中拍面球拍，中大拍面球拍，大拍面球拍，超大拍面球拍。

不同的拍面会有不同的适用范围，具体如表 1-3-1 所示。

表 1-3-1　不同拍面的特点和适用范围表

类　型	中拍面	中大拍面	大拍面	其他型
特　点	拍框小，甜区小、高磅上弦	拍框中度，甜区中度	拍框大、甜区中等、触球范围大	拍框多样，甜区中度
适用范围	出球准确、力量集中的职业选手	力量适中，具有全面型的选手	初学选手，青年选手，老年选手	有一定训练水平的选手

不同的拍面具有不同的特点：小型头拍需要很精确的击球点，挥动灵活，击球力量集中；中型头拍打底线球时球感较好，球容易控制，因此中型头拍的球拍受到大部分网球爱好者和优秀网球选手的喜爱；大头拍的拍面较大，在网前截击时比较有把握。

目前，市场上最普遍的拍面大致在 580 平方厘米到 742 平方厘米之间。那么，不同的拍面大小对网球技术水平的发挥起着什么样的作用呢？

大拍面对网球技术动作有较大的宽容度，也就是说当你击球偏离甜点区，也可以把球打出去。因此，拍面越大则甜点区越大，击球的稳定性越强，对技术动作的要求难度降低。另外，大拍面的直弦较长，从而使弹力增加。目前市场上最大的拍面一般为 890 平方厘米，球网非常有弹性，大部分球都可以轻松送回。但它也有缺点，因为风的阻力的大小和拍面面积是有直接关系的，所以面积加大虽然更容易接到球，但是击球的速度可能会不同。也就是说，大拍面球拍很容易打到球，但是与中拍面相比，击出的球速较慢，容易漂浮，同时球拍越大也会越不灵活。

其实，职业球员所用的球拍拍面很小，也很薄。为什么他们不太用大拍面呢？事实上，除了女选手之外，男选手几乎没用大拍面的主要原因在于：甜点区越小，力量越集中，因此球速越快。一些业余球员只希望能打到球，所以用大的比较有利；而职业球员，打到球已不是问题，他们所追求的是球的力道和速度，所以他们几乎都使用 613 平方厘米左右的中拍面。对中大拍面的使用也不限于职业球员。因为只要控球良好，反应快，稍有基础的年轻或中年人都可以用中到中大的拍面。因此，我们可以看出，大拍面易学，稍微偏离中心也能打到，而缺点则是缺少速度，控制也较差，适合女性、初学者及年纪大的人使用。中拍面适合中上级及年轻球员，用它击出的球速快，控制好，但是甜点区小，技术水平较高的职业选手或有良好球技的选手使用，它是攻击型球员的得力武器。

（2）球拍的厚度

球拍的好用程度也会受到球拍厚度的影响。球拍的厚度一般在 2.2～3.4 厘米之间，球拍越厚，硬度就越高，越有爆发力，但也会出现不好控制的现象，容易把球带离球场。如果选手的力量比较大，最好使用质地比较软、厚度较薄一些的球拍。另外，有些球拍的厚度是不平均的，比如，拍头比较厚，可以增加底线对拉的手感；拍颈比较厚，可以增加球拍击球时的稳定性。此外，越厚的拍框弹性越大，薄框的拍子弹性相对较小，因此建议女性和中老年朋友选用中等偏厚的拍子，而年轻的男选手则可以选用中等偏薄的拍子。

（3）球拍的平衡点

平衡就是指杠杆的支点，也是反映拍头轻重的标志，而拍头的轻重直接关系到击球的速度和力量。可以使用一个方法判断球拍的平衡，测量球拍 1/2 位置的平衡点，然后将球拍水平放在椅背上靠着平衡点。如果球拍向球拍的头部倾斜，就可以判断出这个球拍是头重，如果向反方向倾斜了，就是头轻，如果球拍能够达到水平，就达到了平衡的状态。在底线附近进行对打更适合使用头重的球拍；头轻的球拍比较适合在球网前拦截时使用，通常由上网型和双打选手使用；比较平衡的球拍就是将这两种打法结合起来。然而，最近出现了许多将头部加重的球拍，根据力臂惯性原理，重量对挥拍的感觉是成平方正比。因此，使用拍头重的球拍，使离心力增加，也有利底线的抽球。

如果发现自己的球拍和自己的击球方式不太吻合，可以通过使用小铅片对自己的球拍进行调整：如果想让拍头更重，就把拍框的边缘部分都加上铅片，如果想让拍头更轻，就在手柄的末端加上铅片。手部和球拍的接触只有球拍握把的位置。握把不能太细，会很难处理小球和接住球；同样，握把太粗也很难让人握紧球拍，会在用力时，导致球拍脱离手掌。

（4）球拍的重量

网球拍的重量系数是指球拍的净重克数，也就是网拍没有添加网线和握把胶皮等内容，可以进一步细分为拍头的重量和拍身的重量。

从网球的理论上看，球拍的重量应该跟随着选手的技术和水平进行适当的调整，也就是说，球拍的重量并不是一成不变的，而是为选手服务，可以随时调整的。

如果使用球拍的群体是初学者或青少年，应该选择拍头和拍身都比较轻的球拍，即拍头面积比较大，拍头较扁、较圆，总体呈流线型的球拍，因为初学者还不能适应网球的运转速度，不能完全掌握网球的轨迹变化。这种入门级别的球拍可以帮助练习者提高球感，还可以提高击球的正确率。只有自己感觉自己正在逐渐掌握球的运动，就可以调整球拍以适应击球时的技能和感觉。然而，由于力量和回球加速度等方面的因素，这款球拍已经不适合职业选手使用了。随着自己能力的提升，可以换成中间型球拍，也就是拍头的重量稍稍加重，拍身重量也适宜的球拍。这种球拍的拍面面积也是中等的，拍头的图形为几何形状。这种球拍的冲击力适中，在球的反弹过程中具有良好的加速度。如果上弦的重量适中，它也能够向旋转方向打球，进行网上的拦截，但是进行较为高阶的操作还需要训练。对于职业选手来说，一般会使用拍头较重、拍身也很坚固的球拍，这样的球拍叫作标准型球拍，上线的磅数也较大，一般情况下的使用者是精确度高和力度大的选手。那些想在技术上和身体上都有所进步的人应该避免使用沉重的球拍；如果重视球拍的易操作性，就选择小头的球拍。

（5）握把规格

握把尺寸大小的选择与重量一样，选择自己觉得最舒适的尺寸。握把如果选得太细，不易抓紧，遇上强球容易造成拍面松动、翻转。

实际上，使用者应该选什么尺寸才合适必须看使用者手掌的大小，不可一概而论。不过有一个指标，就是我们东方人很少有人需要规格为四又二分之一以上的握把。

确定球拍握把尺寸的方法：自然地握住握把，手指与手掌之间的间隙刚好能放入另一手的食指。不过，现在的零件工业很发达，已使加码变得容易。如在原来的握把上面加上一层握把皮就轻而易举地实现了加粗，如果握把较粗，就可以去掉握把本身自带的握把皮。建议在选择握把时挑略细一点的。

调整握把尺寸最简单的方法之一是在原来稍小的握把上加工，增加一层握把的皮。如果不能达到自己想要的效果，可以重复添加。一定要记住，握把是球拍和身体之间唯一的接触面，如果不能很好地握住球拍，击球的水平和技巧也会受到一定的影响。

此外，还有挥重（球拍挥动时球拍的重量）、绕曲度 / 硬度（球拍击球时的变形量）等技术指标。这些指标主要针对职业选手，对一般业余选手影响不大。

（6）网拍长度

使用球拍者的身高是选择网拍大小和长度重要的标准之一，其次是使用者的技术和水平。一般来说，身高与球拍的长度应该是反比的关系。身高较矮的使用者，通常会选择较长的球拍。在技术水平和打法上也有一定的区分，较长的球拍一般适用于底线型的选手，长度一般的球拍一般适用于上网型的选手，但网球拍的长度和类型一旦确定后就不应该随意地变更了。

如果球拍的长度较长，头部的重量也较大，在使用的过程中都会增加挥拍的重量，而不能仅从刚刚拿起来的重量感觉球拍的使用感。这两个因素都增加了击球时的冲击力，但也让击出去的球变得不是很灵活。

（7）挥拍重量

其实比静止重量更重要的是挥拍重量，它表示球拍在挥动时感觉有多重或多轻。影响挥拍重量的因素包括球拍的长度、固定重量和平衡点。平衡点的位置也不是固定，一共有三种，分别是偏向于拍头、偏向于握把以及偏向于中央的位置。固定重量与挥拍重量是两个不同的概念，它们的区别就好像"坐在一部摆在展览台的车内与把它开在马路上是不同的"的感觉一样。

挥拍重量的选择要视自己的打球风格而定。如果是攻击型的底线型选手可选择挥拍重量较重的球拍，那些要求落点精准、对球的控制要求较高的选手可以选择挥拍重量轻的球拍。挥拍重量越重，需要的击球力量就越大。测量挥拍重量最好是使用 RDC（Racquet Diagnostic Center）测量仪。它将挥拍重量分成 0 到 999 个等级，数值越小，挥拍重量越轻。

我们要格外注意的是，任何材质的球拍都可以在比赛中使用，但是要注意以下四种情况：

①网球拍的击球面不能够凹凸不平，必须平整，由相同成分的弦线组成，从顶部和底部交替绑扎或连接起来。每条弦线都必须和球拍的框架是相联系的，特别穿线完成后，球拍中心的密度不能够和其他位置的密度不同。

②网球拍的总长不能超过 73.66 厘米（29 英寸），也就是拍框和拍柄的总和，拍子框架的总宽度不得超过 31.75 厘米（12.5 英寸）。框架内弦面的总长度不能超过 39.37 厘米（15.5 英寸），总宽度不得超过 29.21 厘米（11.5 英寸）。

③网球拍的框架，包括手柄，应无任何外加的装置和附属的物品，如果使用了装置，装置的作用只能用于限制或防止框架和手柄的磨损、振动或干扰。任何装置的安装必须按照规定的原则进行。

④网球拍的拍框、拍柄和拍线中不得含有任何会在实质上改变选手球拍形状或改变重心水平的装置。

（三）拍弦

1. 拍弦的选择

许多专注于选择网球球拍的网球练习者，经常忘记了球拍的拍弦也是球拍非常重要的一个组成部分。网球拍的拍弦可以分为两类，一般是按照材料进行划分的：第一种是天然肠弦，第二种是人造复合弦。大部分的网球爱好者更加喜欢使用人造复合弦，因为价格低廉。随着技术的不断发展，人造复合弦的工艺越来越成熟，有多种不同的类型供不同水平的爱好者选择。纤维丝不同组成形成了人造复合弦，人造复合弦也被称为尼龙丝。球拍发展到今天的水平，由于弦线制造商的制作水平不断提高，人造复合弦在使用感上和羊肠弦更加接近，因此人造复合弦又被称为"仿羊肠弦"。

天然肠弦一般是以动物的小肠为原材料，由于肠弦在一开始只是用羊的小肠做的，因此得名"羊肠弦"，后来原材料逐渐发展为用猪、牛、羊的小肠。

现在天然肠弦依然受到职业选手们的喜爱，天然肠弦不仅能很好地和球进行贴合，不容易失去张力，而且弹性也非常好，即使弦的张力很大，选手在击球时也感觉不到很强的冲击。它的缺点是价格较贵，容易磨损，不耐高温，暴露在空气中时容易变质。

由于成本较低，普通的练习者都比较倾向于使用人造复合弦。爱好者们可以根据他们的风格和水平进行选择。人造复合弦的优点是不容易受潮，而且更方便使用。然而，人造复合弦也具有一些缺点，就是击球的手感不如天然肠弦，灵活性和伸展性都不太好，不适合在气温较低的环境中使用。

此外，聚酯也可以作为制作网球拍弦线的原材料。如今，聚酯弦已受到欧洲和南美新一代网球运动员的青睐。聚酯弦不仅便于使用，手感舒服，对于那些用力击球、经常打上旋球和经常断弦的选手来说，它是最为理想的选择。聚酯的材质具有非常强大的韧劲，甚至可以做成较细的弦，而不必担心会经常断裂。聚酯弦的使用时间甚至有尼龙弦的两倍之长，前提是同等粗细的弦线。但还是要注意，如果聚酯弦不断，那么并不意味着能够一直使用这根弦不更换，因为弦也会产生磨损，和其他的人工合成弦一样，失去一定程度的紧度和适打性。所以我们要遵守这样的一条规则，一年中换弦的次数应该和一星期打球的次数相符。

聚酯弦也和其他类型的弦一样具备自己的缺点。一是，当使用者更习惯于使用更灵活的弦之后，他会感觉使用聚酯弦有一种死板的感觉。二是，在使用聚酯弦时，需要施加更大的力量。由于这个因素，聚酯弦可能不适合一些人群使用。

选弦的标准有两种：耐用和好打。

目前的弦线是根据粗细进行划分，一共有四种型号：15、16、17 和 18 号线。型号上的数字代表了弦线的直径，数字越大，弦线就越细，重量就越轻。有些弦线的型号上还会增加一个"L"的符号，例如 15L，表示这根弦线的粗细介于 16 和 17 中间，可以认为这根弦线的粗细是 15 号半。

一般来说，在相同的材料、相同的结构和相同的张力下，规格较细的弦线会有更好的球感，粗细的范围是 1.20～1.30 毫米。较细的弦线在切球和削球时反应的速度会更快，回球效果更好，但是使用的时间短，容易损坏；较粗的弦线更耐用，但球不能飞向更远的地方，往往导致手感更差，粗细的范围通常为 1.35～1.45 毫米。

如今我国的网弦工业已达到世界水准，因此不必盲从或迷信进口货。由于尼龙弦松弛后会使磅数发生变化，因此最好是两三个月就把它剪掉重穿，不必等到断弦。这样可以保持其最佳状态，不受磅数变化的影响。

现在最高级的尼龙弦，采用了羊肠弦的制造方法。以微细的纤维加上接着剂合成一股，再加保护膜。

选弦比选球拍重要。因为最好的球拍，如果没有好弦还是发挥不了它的威力，而稍差的球拍则可能因为好弦而提升威力。

2. 拍弦的分类

网球线主要分为两大类：人造合成线（Synthetics）和天然肠线（Natural Gut）。这里主要介绍人造合成线。

通常人造合成线是指以尼龙为主的材料加工制成的网球线。可以分为以下几种类型：

（1）单芯线

人们习惯称呼单芯线为"硬线"。单芯线一种单线，就是以一条粗芯线为芯体，并在外层上直接进行保护膜工艺处理，这样就形成了一条"硬线"。这种线最便宜，但耐用性及弹性不高，且松弛掉磅比较快，只适合初学者用。

（2）单芯线单缠绕

单芯线单缠绕是目前市场销售最多的一种网线，它属于保护线的类型，工艺稍微复杂了一些，但也是在外层进行一次工艺的处理，从而提高线的弹性和密度，最终达到抗磨损的效果。

（3）单芯线双缠绕

单芯线双缠绕采用了缠绕单线的方法，所以弹性得到了一定程度的提升，比较适合业余的选手和爱好者使用。

（4）多纤复式线

多纤复式线是目前最好的人造线，由细纤维组合而成，看起来与天然肠线非常相似，也被称为"仿肠线"。它具有较强的弹性和比较柔软的特点，受到了许多职业选手的喜爱，但是它的弹性不能维持很长的时间，需要经常进行更换。

（5）混合线

混合线就是把两种性质不同的线组合后使用。

3. 穿弦的磅数

弦线的磅数（1磅约0.4536千克）需要使用仪器才能够测量出来，是一个物理意义上的值，主要用来分析击球过程中，弦线对球产生力的大小。所有的弦线都会随着使用的磨损而逐渐失去弹性，在弹性减少的过程中，弦线的磅数和球拍的使用感也会变化。通过测试的结果表明，一根新弦线在使用了4小时之后会损失5%的张力。也就是说，弦线的磅数和弦线的张力和弹性是相关的。

弦线磅数的数值会呈现这样一个规律：较高的数值就意味着弹性的降低。然而，在这种情况下，加快挥拍的速度，控球的效果也会得到增强。弦线磅数的数值降低，对球的控制效果也会下降。

因此，手臂力量不足的人，除了用硬度高的球拍以外，最好还要把弦穿松一点，这样可以省力。如果是大拍面的话，那就能打得更轻松。如果是力量比较大，挥拍的速度比较快的人，则应该使用硬度比较低的球拍，张力也应该大一些，这样才能发挥出最佳的水平。若再以中拍面的球拍击球，则会有惊人的球速出现。

球拍的使用感受受弦线磅数大小的影响，击球的力度会受弦线磅数的影响，如果想要提高击球的力度，弦线的磅数就应该低一些，球拍的弹性受拍面弹性大小的影响，拍面弹性越小，就会给球很大的力量；另外，控制球的能力也会受弦线磅数的影响，弦线磅数越低，控球的能力就会变差，但是使用拍子的手感会变好，因为拍面的弹性较高，球给人的冲击力也会被吸收，从而对人的关节和拍子产生了一种保护的作用。所以，在一开始学习网球的时候，我们可以使用磅数比较低的拍子，培养自己的手感，磅数要跟随着运动的水平增加而增加。

55 磅和 60 磅之间的数值是网球运动中最常使用的缠弦磅数。职业选手可以达到 70 磅左右的水平。不过该磅数只是一个参考值，机器与人工穿线之间都会产生偏差。

最理想的穿线原则是：找同一个人穿或同一台机器穿，这样磅数才会准确。

4. 网目的疏密

直弦与横弦所构成的网目越大，拍面产生的弹性就越大。相反，网目很小打起来有木板般的生硬之感。网目大，则对切球削球比较有利。目前在市面上已经看不到以网目的变化作为卖点的。网目的疏密大致可分为四种：超小网目、超大网目、三条弦网目、超长弦斜网目。

美国的曾经有一种牌子的球拍，其弦孔不在同一条直线上，采用一左一右的错离方式。这种方式也对弹性及摩擦力产生了良好的效果。

5. 换弦的时机

业余选手的球拍不太可能出现断弦的情况，因为他们的击球力量较小，而且在回击过程中对拍点的集中度不够。然而，在网球运动中，弦线一旦被穿到了网球拍上，受张力拉伸作用，其柔韧性日渐衰减，弹性指标随之降低，打网球时的控球能力和力度都会降低，因此必须定时更换。

我们应该在什么时候更换弦线呢？下面列出了几种情况：

（1）弦线的边缘出现了很多不规则的线，这说明弦线内部的弹性消失了，这个时候就应该对弦线进行更换了。

（2）在弦线的重叠位置出现了很多压力造成的痕迹，这说明弦线应该更换了，因为弦线的韧性消失了很多。

（3）在击球时，明显感觉到球不好控制了，经常出现失误的情况，或者拍线明显低于原穿线磅数时，应及时换线。对于业余选手而言，一般 3 个月就应换一次线。

另外，采取一些措施，可减少断弦机会。球拍纵线与横线的重叠位置是最容易出现磨损情况的，如果在这个位置安装一定的保护装置，当然也能起到防止磨损的效果，从而延长弦线的使用时间，弦线的费用也就会节省很多。

（四）网球背袋

网球背袋是网球爱好者们必须准备的运动装备，它不仅可以装下球拍、球、鞋等，还能够再放一把球拍，以备不时之需，如果在场上出现了一些意外状况，就可以直接使用了。所以，我们说网球背袋是方便运动者的装备。

（五）网球服装

舒适和便捷的衣服是网球运动首先应该考虑的服装。在早年的网球比赛中，对选手们的穿着都有较高的要求。男选手通常穿着带有翻领的短袖网球衫（T恤）。下身穿的是网球短裤。女选手经常穿着T恤、短袖衬衫、无袖背心等，更加具有运动选手的精神和力量感，下身穿着网球裙，网球裙的主要颜色是白色。如今的网球比赛对球员的穿着要求很宽松，任何颜色均可，可以没有衣领、衣袖。

（六）网球鞋袜

网球运动具有急停、急起以及迅速变向等特点，这对网球鞋提出了较高的要求。在网球运动中，前脚掌是主要的支撑点和重心位置，所以网球鞋的前脚掌位置磨损是最为严重的，在设计网球鞋的时候，也应该更为重视这一点。另外，网球鞋的鞋底要能够耐摩擦，鞋子的内垫也要能够具备一定的支撑性和回弹性。随着科学技术的发展，网球鞋的做工和质量有了长足的进步。而网球袜具备吸汗、舒适的功能即可。网球运动中流传着这样一句话，网球是用脚来打的，说明在打球的过程中，跑动是非常关键的，要重视脚在网球运动中发挥的作用。为了能够提高脚的运动效率和舒适度，网球专业的鞋和袜子也非常重要。而网球爱好者也应当备有一双专业的网球鞋。

1. 网球鞋

（1）球鞋的分类

由于技术的进步和提高，现代网球鞋的设计变得更加智能和科学，也具备了很多不同的功能，帮助增强跑步时的移动能力。

在过去，网球鞋都是白色的，鞋帮也较低。自从20世纪80年代篮球鞋开始出现高帮形式，并受到人们欢迎之后，网球鞋也出现了高帮的设计。然而，篮球和网球的打法和发力方式是不同的——篮球需要身体的下肢使用弹跳的方式，网球需要进行前后左右方向的移动，发力的重心也比较低。针对这种高帮网球鞋不适合运动的问题，一些专家们又根据网球的运动特点设计出了中帮运动鞋。这种鞋利用了条件反射的原理，当球员动作时，中帮网球鞋的低凹处就会触及脚踝下部，可以提醒球员要多注意运动的动作，防止受伤，从而保护了运动员的身体。

根据场地表面的不同性质，有不同类型的网球鞋供室内和室外使用，在硬地和沙地上使用。一般情况下，室内网球鞋的鞋底条纹比较细致，而室外网球鞋的鞋底条纹比较粗大。底面较硬的球鞋和场地底面的摩擦力比较大，所以鞋底比较厚，也比较耐磨。沙地地面和沙地鞋之间的摩擦比较小，又可以使用滑步的技术，鞋帮和鞋底的材质使用普通的橡胶就可以了。

（2）网球鞋的选购要素

网球鞋是网球运动中非常重要的一个专业装备，网球鞋的特殊设计可以帮助练习者提高自己的打球技术，跑步的速度也会得到一定的提高。这是因为一场网球比赛的输赢也取决于练习者的跑步情况。在网球运动中，经常有许多技术动作的变化，如快速启动、快速停止和转弯、转体和空中跳跃，这些技术动作就给网球鞋的设计和创新提供了思路。

鞋底是网球鞋一个最重要的组成部分。因为草地、沙地和硬地分别是网球场的三种类别，所以说在不同球场上使用不同的球鞋打球效果是不同的。对于草地球场来说，具有胶状纹路的鞋底是首选，而沙地的球场比较适合使用宽波沟纹路的鞋底，而当今较为流行的硬地球场，材质一般为塑料、沥青，则应该使用较为平滑的鞋底和细致纹路的鞋底。如果爱好者经常在不同的场地中进行转换的话，综合性质的鞋底是一个不错的选择。

重视鞋面的作用。皮质的鞋面提高了球鞋的光泽感，给人以坚实有力的感觉，这也改善了选手的整体搭配效果。在选用皮质鞋面的同时，还应该考虑到衬里材料发挥的作用，要注意内衬应该实现柔软和舒适的效果。我们在生活中经常能够见到的一些材料，比如尼龙和棉质等，比较适合用来生产在木质场地使用的球鞋，但不是网球球鞋的最佳选择。

除了上面提到的三个要素之外，在选择网球鞋的时候还要选择适合的尺寸。实践表明，在训练后或在下午、晚上选择尺码是最好的。根据选手性别的不同，男式和女式的球鞋也有所不同和区分，在购买的时候，导购员也会给予专业的说明。

选手们喜欢的球鞋类型也都是不同的，因为他们打球的风格和技术是不同的。攻击性强的选手鞋子更轻，运动起来更敏锐，而攻击性不强的选手会使用更有重量、更有支撑力的球鞋。

如果一名爱好者的脚踝比较容易受伤，或者要一双比较耐用的球鞋，就可以考虑选择比较有重量和支撑力的球鞋，这样球鞋的使用时间也会得到延长。

（3）选购提示

①最好在刚刚打完球或下午的时候去选购网球鞋，因为这时候脚比较大，同时，要穿着打球时常穿的袜子去选鞋。

②每只脚都要试一下鞋子的宽度和长度。

③检查鞋的稳定性。一手把住鞋跟，另一只手挤压鞋的前部。鞋子应该在脚能活动的那个关节的位置弯曲，因为这是个生理弯曲点。如果鞋子在鞋弓处弯曲，那这双鞋就不能提供很好的支撑性和稳定性。

（4）网球鞋的正确使用

①避免长期穿同一双网球鞋，最好备有两双相同的鞋，可以在出现问题后进行更换。

②在不进行网球运动的时候，要把鞋子脱掉，这样可以减少磨损。

③每次网球活动结束之后，将鞋子放在通风干燥的地方。千万不要把它们放在一个较为密闭的环境，这样可以防止球鞋滋生多种类型的细菌。

④在打球的过程中，要保证球鞋的干燥，不要在有积水的场地或者是下雨的环境中进行活动，这样会影响球鞋的使用体验和使用时间。

2. 网球袜

网球领域的专家均建议应该在打球的时候穿上袜子，许多职业的网球选手也是这样做的。因为鞋子再舒服也不可能完全贴合每个人的脚型，所以应该使用质量比较好的袜子将鞋的缝隙填充好。这样一来，脚在运动之后，也会更加舒服，异味也会更少，也让球鞋和脚能够更好地贴合在一起。袜子厚一些，能够更好地保护好脚的底部和脚的不同部位，起到保护跟腱的作用。

要保持运动的舒适感，除了合适的鞋，舒适的袜子同样重要。棉质的网球袜从脚趾到脚跟的设计都是比较厚实的，穿在脚上像毛巾一样带给人非常舒服的感觉，袜子也能够成为脚和鞋之间的缓冲层，减少了地面带给脚部的冲击。很多老年球友不愿意在袜子上"奢侈",其实当人们衰老时,脚底的脂肪层厚度也在不断降低,所以为了自身健康,"奢侈"地穿双网球袜并不过分。

有些球袜脚面部分也有加厚处理,这是考虑到缓冲作用。舒适的球袜还可以填满脚与鞋之间的空隙,使脚与鞋真正地合为一体。如穿的是不太厚的运动袜,建议穿两双袜子打球。

由于网球袜质地厚实,有些人认为在夏季打球穿网球袜会热。其实除湿性能是球袜设计者早就考虑到的,棉质网球袜加入了许多透气、吸汗的特殊纤维,可充分吸收汗液,控制湿度,保持双脚干爽。人脚上的汗腺比身体任何部位都发达,而看上去凉爽的薄袜子并不会控制运动时汗液的分泌,所以能够吸收带走湿汗才是最关键的。

网球运动员经常需要大范围的快速奔跑、起动、急停,一切都得靠双脚,因此千万不要忽视网球袜的作用。

(七)减震器

减震器的作用就是减少击球时球拍的震动对手的冲击力。减震器的安装不是必需的,要看每个人的实际需要,但是一定要按照规定进行正确地安装。安装的规定中也明确提出了减震器的安装位置必须是在纵向和横向交错的弦线之外进行安装,在重合的部分不应该进行安装。

减震器也能够起到减轻震动状况的效果,因为震动的幅度太大会对手臂和手部产生负面的影响,导致网球肘等职业病。减震器也能够调节球拍的弹性。如弦线的磅数设置得过高,也可以用减震器来进行调整。增加减震器会产生一种"木"的手感,所以不是每个人都习惯使用减震器。特别是不需要外部设备进行手感调节的职业选手。

(八)其他装备

网球帽可以起到遮挡阳光的作用,也能够对头发进行固定,在场地中阳光充足的时候,可以戴上一顶网球帽;护腕就是为了保护手腕,减少手腕在打球过程中受到的各种损伤,护腕还可以擦汗;头带在固定头发的同时,也能够擦汗。

第四节　网球运动的礼仪和文化

一、网球运动的礼仪

（一）日常练球时应注意的礼仪

对于初学者而言，为了更好地融入网球运动中，在训练时应注意以下几方面的内容：

（1）在发球之前，确保你的对手已经准备好了接球，最好在发球之前向对手示意一下。不要因为自己准备好了，就将球随意地发出去，这样的举动也是对对手的一种不尊重。

（2）不要急于捡起已经跑到另一个球场的球。在初学者刚刚开始学习的时候，球必然会出现满地地飞的情况，但如果球滚到另一个球场，而另一个球场的球员正在练习，请耐心等待，等别人的对打结束后再捡起来。如果在这个时候急着去捡球，可能会影响他人的比赛或者是练习过程，别人如果帮忙捡起了球，还应该表示感谢。

（3）身体不要和球网进行接触。

（4）在练习中，当对方的球非常接近底线，应该给对方一个反馈，看球是界内球还是界外球。

（5）在练习的过程中，如果自己击球出现了失误，也应该和对手表示歉意。

（二）比赛时应该遵守的礼仪

（1）在进行正式的比赛时，选手应该在赛前积极帮助对手进行热身，故意干扰对手的练习是不合适的。

（2）当对手打出一个好球时，要赞扬他的表现。尤其是在正式的比赛过程中，当对手打出一个很难打出的漂亮球时，尽管自己会为失分感到懊恼，也很难祝贺对手，但也应该具备职业选手的风度，用手拍一下自己的球拍，表达对对手的尊重。这样的举动也会为比赛赢得一个良好的氛围。

（3）球场上不要踢球，网球是用拍子打的，不是用脚踢的，除非是友善地调节场上的比赛气氛。

（4）球场上不要摔拍子，技不如人不应拿拍子出气。

（5）对手出现了失误的操作，要管理好自己的表情，不能出现明显高兴的表情，干扰对手的心态。

（6）如果打出一记幸运球而得分不必过于兴奋，如球擦网后，改变方向和速度，不规则地落在对方场内或不留神把球扣在拍框上，但球的落点很好，使对方无法接住等，要说声对不起；或应像职业选手那样，将球拍面向对手以表示歉意。

（7）在正式的公开比赛中，发球姿势一定要使用上手发球，下手发球虽然没有被明文禁止，但是有不尊重对手的含义。

（8）网球场上一切行为都应该听从裁判的判决，如对判罚有异议，比赛结束后，可向仲裁委员会提起申诉。

（9）比赛结束之后，可以将比赛的球赠送给观众，但是不要随意抛球和扔球，会造成观众的受伤。

（10）比赛结束后，无论胜负都应该主动和裁判及对手握手。

（三）打网球时的服装要求

（1）标准的网球服装：男选手上身穿带有领子的运动半袖，下身穿网球短裤；女选手上身无袖的上衣或者是中袖的上衣，也可以穿一身连衣的运动裙。网球服装通常为白色。男性选手不能够赤裸上半身进行比赛。

（2）在网球场上通常要穿专门的网球鞋。带钉子的鞋和硬底鞋是不符合规定的；也不能光脚打球或者是光脚入场，这都是非常不符合礼仪的举动。

（四）观看网球比赛时应当注意的礼仪

（1）在观看比赛时，避免携带能够产生大音量的物品，比如音响等。从球员开始准备发球时起，直到一分结束，观众最好不要发出声音、进行交谈，或者是随意叫好等。

（2）在球员发球的过程中，不要使用激光笔或者手电筒干扰比赛进行，也不要发出声音。

（3）如果自己入场晚了，应该在中场休息等时间进入场馆，以免打断选手的注意力或影响比赛；同样，如果要离开场地，也要选择选手休息的时间离场。

二、网球运动的文化

（一）网球运动的文化内涵

网球运动的文化内涵主要体现为以下几点：

1. 诚实为本

网球运动倡导诚实守信，也贯彻诚实守信的原则，参与网球运动的人从始至终都要诚实，这是从道德层面对参与者提出的基本要求。高校网球比赛的常见形式是信任制比赛，也就是没有裁判员的比赛。这样的比赛不仅考验运动员的体能、技术和心理等素质，也是对运动员诚实守信等道德观念和行为的考验，这个考验集中反映在对自己有利的关键分中，运动员如果打出了擦网运气球，要向对手主动致歉，赢就赢得光明磊落，输也输得大大方方。

2. 集体主义精神

在网球双打项目和团体项目的比赛中，均体现了集体主义精神，双打项目要求搭档的两名选手之间相互配合，团体赛要求队友之间密切配合。这其实是对参赛选手的集体观的要求，只有每个选手都拥有集体主义精神，相互之间的配合才会更加默契，只有尊重队友，队友之间不断互相鼓励，顾全大局，才能赢得最后的胜利。团队成员团结起来，团体具有很强的凝聚力，其战斗力才会进一步提升，集体主义精神也可以使网球选手终身受益。

网球运动倡导集体主义精神，不仅要求队友之间相互配合、相互尊重与相互鼓励，还要求教练员与选手密切配合，共同作战。在网球比赛中，教练员可在规则允许的范围内用一些动作来提醒选手，使场上选手接收并理解信息后能够对自身的场上状态有更好的了解，并做出相应的调整，以更好地投入比赛。

对高校大学生而言，拥有集体主义精神和树立团结协作意识特别重要。在网球教学中，学生的集体主义精神与团结协作意识能够从他们轮换击球、相互送球、拾球等行为中体现出来。如果是同伴约球，就要严格遵守约定的时间，并将上场次序安排好。如果是组织网球友谊赛，学生可能还要担任裁判的角色，这些都能够体现出网球运动的集体主义精神和文化内涵。

3. 谦虚与尊重

网球运动倡导谦虚、自信，要求每个选手都要尊重对手，谦虚自信和尊重对手也是现代教育和现代体育文化传播的主要内容。参加网球运动的人既要通过刻苦的训练来增强自信，又要保持谦虚，善于发现队友和对手的优点，虚心学习，这样才能获得更好的发展。

网球运动虽然是隔网运动项目，没有身体的碰撞，但场上的对抗依然十分激烈，并对网球选手的人文精神提出了较高的要求，如保持自信、认真参赛、诚实谦虚、尊重对手。在网球运动中竞争随处可见，这也是网球选手不断进步的动力。但"君子之争"才是网球运动竞争的真正内涵，这要求网球选手对球场上的一切都要表示尊重，如对裁判、对手、观众等人的尊重，对球网、球拍、场地等物的尊重。

网球选手的个人形象是由多方面因素结合而成的，其中品行是非常重要的组成要素之一，不管网球选手的技术水平有多高，如果他品行不端正，言语粗鲁，行为蛮横，不尊重他人等，那么其也难以获得观众和裁判的认可。近些年，随着世界女子网球运动的不断发展，涌现出了像莎拉波娃、阿扎伦卡等这样的网球明星，她们深受观众的喜爱。这不仅是因为她们外表美丽，更是因为她们举止优雅、品格高尚，这样的网球选手在网球场上是一道美丽的风景，吸引着观众与媒体的目光。很多大学生因为欣赏这些网球明星而参与网球运动，这些球星得体的穿着、优雅的动作也使得大学生争相模仿，球星们自信、大方、谦虚、坚强的品质与精神更是深深鼓舞了大学生和网球爱好者。

4. 思维与气质

网球运动能够对人的思维与气质进行培养，这是网球运动在哲学层面的文化内涵。在网球运动比赛中，参赛选手身、心、脑并用，不仅进行技术上的较量，也进行体能、心理和智能上的较量，可以说这是一项斗智、斗勇、斗技的运动。随着现代网球运动的不断发展，网球运动员的专业技术水平越来越接近，当技术相近的两名选手相互对抗时，技术之外的其他因素尤其是球路思维的组合成为双方制胜的关键因素，任何一方击球都不能是随意的和盲目的，要有明确的目的，善于观察对手，并做好预判，思考接下来的球路与组合，如此才有得分的机会。网球运动员能否将技术、体能、心智融为一体，直接影响其在比赛中的竞技能力。

网球运动给人的整体感觉是从容、优雅。网球选手在比赛中的一举一动都透露着气质，他们的击球动作是力量、智慧等众多因素结合而成的最终行为结果，能够充分体现出运动员的体能、技术和智慧。网球礼仪也透露着温文尔雅的品质，如温网中要求运动员身着白色球服，这说明英国人非常看重优雅。在高校网球运动教学中要充分认识到网球运动培养思维与气质的文化内涵，从而通过网球运动培养大学生的气质，促进大学生修养的提升。

（二）网球运动文化的特点

1. 运动形式高雅

网球运动清新、高雅的特征要求选手着装要整洁优雅，言行要讲究文明礼貌。观众欣赏比赛也要遵守赛场要求，不大声喧哗、不用照相机闪光灯拍照、不随意走动等。这些礼仪虽然没有成为规定，但也随着网球运动的不断发展而在世界各地广为传播。

不管是业余爱好者参与网球运动，还是网球运动员参加网球比赛，都要按照相关规定和不成文的规矩来规范与约束自己的言行，不能随心所欲、肆意非为，如运动员在比赛中即使不满意裁判的判罚，也不能骂脏话，要采取合理途径和裁判协调，如果确实是自己的问题，即使再不高兴，也不要做出过激的言行，这样不仅无法改变裁判结果，反而会失去观众对你的欣赏与认可，此时要做的是吸取教训，告诉自己接下来的每个球都要努力处理好，争取不再出现失误，不再违反规则。网球比赛中有些球是存在争议的，面对这种情况，如果不是关键分，双方尽量不要刻意去计较，要懂得谦让，给观众与裁判留下好印象，这也是对运动员的比赛心态进行培养的一个好机会。可见，网球运动不仅能强身健体，还能培养绅士风度和审美意识。

2. 参与者众多

除了高收入群体或社会阶层高的人参与网球运动外，大量的普通群体也参与其中，这与社会经济的发展、人们生活水平的提高、闲暇时间的增加及健康观念的更新有直接关系，大众化是现代网球运动的一个发展趋势。

在网球馆或公共体育场所打网球的人年龄分布在各个阶段，以中青年群体居多，也有很多家长陪着孩子打球的，从小挖掘孩子的天赋，培养孩子的网球素养。现代网球运动的参与者，不论国籍、肤色、性别、职业，他们在网球场上都是平等的个体，这些参与者又构成了一个庞大的社交群体。一部分人参与网球运动就是为了结交朋友，建立或巩固友谊。

另外，网球爱好者不管是亲自参与网球活动，还是在现场或电视机前观看比赛，都可以达到释放压力、宣泄不良情绪和愉悦身心的效果，这也是人们参与网球运动的主要目的，甚至有人将这些目的看得比强身健体更重要。网球运动为大众创建了相互尊重的和谐交际圈，构建起一个充满包容与友善的交往平台。

3. 运动氛围积极向上

网球运动不仅对运动员的心理环境进行考验，如面对胜负、成败的心态，在困难面前是坚持还是放弃等，同时还对运动员的思维方式进行考验，并能培养运动员的良好思维，如在双打项目中，和找一名好的搭档相比，做一名好搭档显得更重要，只有双方都意识到要做一名好搭档，才能充分配合，相互尊重与鼓励，而不是在失败后一味地埋怨对方。所以说，对网球运动员来说，一个非常重要的内在提升路径就是要有强烈的责任感，要信任搭档，尊重队友和对手，要热情参赛并努力克服困难，正确面对比赛的结果，胜不骄，败不馁。这样的心态也有助于人们更好地面对生活中的每件事，提升对生活的满意度，并得到他人的认可。

在网球比赛过程中，要将动静结合的理念运用其中。每打一个球时，都要先确保身体重心是稳定的，稳扎稳打是打好球、完成击球动作的基础与前提，击球时要控制好力度，不能一味用强力击球。运动员切忌草率处理任何一个来球，要根据局势进行准确判断与预测，根据实际情况采取击球策略，选用击球技战术，努力争取主动权。运动员要耐心处理相持球，伺机争取主动，不要急于求成，冒失行动，否则会使对方突破相持球的僵局而掌握主动权，所以在网球比赛中要牢牢记住扎实进取，这个理念同样适用于日常生活。

比赛结果出来后，落败的选手要勇于面对这个现实，冷静分析与总结自己的问题，吸取教训，总结越全面、越彻底，下次就能避免出现同样的问题，从这一点来看，失败也并不是毫无价值可言的。获胜方往往难以掩饰胜利的喜悦，这很正常，也能理解，但同时要保持谦逊的态度，不能"唯我独尊"或贬低对手，否则即使是胜利的一方，也难以得到观众的尊重与社会的认可。不仅是网球运动员和其他网球运动参与者应该谨记这些内容，每个人都应该将这些哲学财富运用到自己的生活中，保持健康向上的生活态度。

第二章 高校网球运动教学理论基础

本章主要讲述高校网球运动教学理论基础的相关内容，主要从三个方面进行阐述，分别是高校网球运动教学的现状、高校网球运动教学的理论和原则、高校网球运动教学的有效方法。

第一节 高校网球运动教学的现状

就目前学生情况而言，他们呈现出对网球的浓厚兴趣，希望通过学习提高网球水平并获得一项专项技能，但是学生的基础水平良莠不齐，基本技术差异比较明显；即便是有网球基础的学生也存在许多习惯性的错误动作。另外，如果体育教师运用了错误的教学方法会直接影响教学效果。网球课练习时的技术并不能等同于实际对抗的效果，如果只是在课堂上练习网球技术，在比赛时很可能出现脱节现象，或者不会打、怯场等情况。在教学过程中，场地器材限制、教师教法不当、教学方法单一、教学内容陈旧等因素都会影响教学效果。此外，大部分学生的身体条件也不够理想，学生的配合、应对、灵活、体能等方面的素质比较差，对网球的体验和手感就会不佳。

一、教学内容

网球课的教学内容很丰富，但是受制于教学时长以及课时分配不合理，使得大部分同学不能很好地完成练习任务。

网球教师常常会产生两个错误的认识，一是追求综合性，在教学课时受限的情况下，要求初学者尽量掌握所有的技巧，结果学生一知半解，忽视发球、接球等基本动作技术，造成大量错误动作，影响下一步的训练效果。初学者对击球过程中的用力和落点控制以及力争多轮击球要求不够清晰，就造成很多学生只会对老师的"喂球"进行机械反击，而在和伙伴们的对抗比赛中错误频出。究其原因是学生没有充分利用好课堂教学时间，学生把精力集中于打发球上，四处捡球占据了网球课很大一部分时间，甚至让学生对网球失去兴趣。教师没有发挥出课堂讲解及练习环节对学习者技能形成的促进作用。在这种情况下，教师要把一些教学内容融入课内导学和导练之中，指导学生课后自学、自练，二者互相配合，有效拓展教学时长。

二、教学条件

网球运动场地设施是网球运动发展中最重要的保证条件，网球场数量的多少、质量的高低对网球运动的组织形式与活动方式有着直接的影响。相对于大学生对于网球越来越浓厚的兴趣及热情的情况而言，校内网球场地严重不足，这已经成为高校开展网球运动的最大障碍。在全国范围内各高等院校中普遍存在着校园面积不足或不能满足网球爱好者学习及娱乐需求的情况下，如何解决这一矛盾就显得尤为重要。当前，伴随着高校扩招，教学楼建设速度不断加快，宿舍楼和其他基本设施也在不停扩建，但是校内闲置空间较小，更为投资较大、占地面积较大的网球场地的建设增加了难度。不少重点院校的网球场地也很有限，并且优先服务于校队训练及教工活动，严重限制着高校网球课教学的开展以及学生业余的网球锻炼活动，总之，高校网球场地设施的状况，对网球运动教学有着直接的影响。

三、师资力量

要想充分发挥教师的教学作用、取得最佳的教学成果，提高教师的知识结构合理性以及授课教学能力是最有效的措施。因此，提高高校体育教师的教学水平对加强学生网球技术动作的学习与掌握水平非常重要。当前，担负高校网球教学和训练工作的教师（或教练员）现状并不乐观，真正毕业于体育院校网球专业的教师寥寥无几，大多网球教师靠短期培训或者自学来掌握网球技能，网球课的教学与训练质量很难得到保证，更加不利于培养学生对网球运动的兴趣和养成锻炼习惯。

四、教学方法与手段

尽管有的教师运用了程序教学法、分解教学法和分层教学法等新颖的教学方法，但是大多数教师在授课时都遵循了从体育学院所学到的授课形式和方法。对教学内容的精细划分却显得繁多杂乱。教学上强调技术动作的练习性和单一性，学生学得很快，但忘得也快；教学形式呆板，教学手段简单，学生学起来也是枯燥无味、兴趣不高，无法激发学生的学习热情。另外，技术教学脱离了身体素质锻炼。这一切都造成了教学效果上的严重问题——教师教得苦、学生学得累。其后果只能导致教学缺乏针对性，学生对技能的掌握情况不尽人意，很难用较少的教学时间提高教学效率，让学生以最快的速度提高专项技能，并且能够在以后的自我活动中不断地完善、进步，获益终身。

五、高校网球教学训练存在的问题

（一）普通高校学生身体素质状况不容乐观

现在的大学生不同于过去的大学生群体，目前，高校大学生的生理、心理等属性在快节奏的生活环境下，受到学习和就业的双重压力，再加上家长、教师对学生的培养理念的偏颇，这些因素共同造成了当代高校学生体质下降趋势明显，尤其是大学一年级的新生。随着社会经济的发展及人们物质文化水平的提高，大学生身体素质问题越来越受到关注。因为高校大学生的身体素质出现了严重的滑坡，尤其是大学一年级的学生更需要加强体育教学。一项来自 2007 年的年度调查报告表明，东北三省普通高等学校学生身体素质状况和 2000 年度全国同龄人的身体素质相比，呈现明显下降态势。尤其是女生的状况明显低于男生，在男女各项目中都处于落后状态。多年监测情况显示，大一学生的身体素质与身体机能一般都比较差，并逐年下降。这就需要我们对大学体育教育进行改革和创新，在教学中加强运动技能训练和培养。

（二）网球教学训练准备活动不够充足

实际网球课上，准备活动的方式比较自由松散，多数学生根本没有准备活动，或者准备活动不足便投身于高强度的网球运动，因此常常造成各种运动伤害。

（三）学生的网球训练基础水平不同

普通高校大学生因接受的网球教学存在差异，加之学生来自五湖四海，各省、市、区的网球教学环境都不一样，导致学生的网球水平相差甚远。同时由于高校网球课教师数量不足，不能满足各方面的发展需求，导致教学质量不高、教学效果较差。部分学生几乎没有网球基础，有些学生却恰恰相反，他们曾长时间地接受网球教学，有些甚至是网球传统学校或者区域的学生。这些学生对网球运动都比较感兴趣，但是对兴趣程度及学习效果并没有达到预期要求，少部分学生出现厌学心理。就目前学生总体情况而言，虽然整体呈现出浓厚的兴趣，但是学习目的不明、层次不一，多数学生的年龄为 18～20 岁，错失了培训的最佳时期。

（四）高校网球训练场馆不足

2005 年全国普通高校招生人数为 504 万人，比 1998 年增长 4.7 倍，高校在校生 2300 余万人，总数为世界之冠。在这一过程中，高校办学规模和办学条件不断改善，毕业生数量大幅度增加。相关专业人士预测，中国高等教育迅速扩容之势将持续 10～15 年。目前，在国家政策鼓励下，我国各地区、各级院校都积极扩大办学规模。但是，伴随着各所大学多年扩招，原有的高校教育资源已经远不能适应形势发展的需要，特别是正在兴起的网球和其他体育项目，教学设施的发展速度相对落后。在高校中开展网球运动已经成为促进广大师生参与体育锻炼、增进身心健康的一项热门项目。由于网球体育教学的训练场地缺乏，许多学校为完成指定网球训练课的教学课时数，将网球课安排在午间及课后的活动时间。在一定意义上说，网球训练场地缺乏使高校网球体育活动无法正常开展，这一状况，应该引起重视。

第二节　高校网球运动教学的理论与原则

一、高校网球运动教学的理论

（一）高校网球运动教学的定义

网球运动在学校体育课中占有举足轻重的地位，它的教学实质就是向学生传授理论知识和实践动作技能。网球运动教学既具有一般体育教学的共性，又有自己独特之处。广义地说，凡是研究和传授网球知识技能的有组织的活动，均可称为网球运动教学。狭义的网球运动教学仅指体育课堂教学中所开展的各种形式的教学活动。从效益角度讲，通过网球知识技能学习与传授活动，达到一定条件下具体教育目的的过程可以称为网球运动教学。在我国开展网球运动教学的主要场所有学校体育课，体育院系有关专业的网球普修、专修课，各级专业网球队和业余体育学校的网球课。

在网球运动的教学中，最重要的是教学方法，即教师如何用最好的方法，更好地达到为某一节课所预设的教学目的，从而加速学生的学习进程，促进他们全面地掌握网球运动基本知识和技能。

（二）高校网球运动教学的基本任务

网球教学就是教师在教学过程中，基于某种目的并根据学生的生理以及心理特点，规划、引导学生进行网球基本理论知识与实践技术的学习，增强体质，培养学生的认知能力，发挥体育教育的育人作用，使学生形成正确的人生观、具备良好的道德情操与意志品质。网球教学是以师生为主体进行教与学互动的教育过程。在这个过程中，通过组织课堂教学，让学生接受教师的指导，主动掌握网球运动理论知识与技术技能，在开发智力的同时，身体形态与机能也得到了充分的发展，有利于形成正确的价值观与优秀的道德情操。

1.贯彻素质教育，促进正确世界观的形成

网球课程教学是一个培养人才的完整教育过程，要将政治思想教育、道德素质教育和集体主义教育贯穿于网球课程教学之中，并结合网球运动的特征培养顽强的意志和独立思维的能力，并让学生受到组织性和纪律性教育。

2.掌握与提高网球理论知识、技术和战术

网球课程的教学内容有理论、技术和战术三种主要形态，网球教学是为了让学生在掌握有关理论知识的基础上提高实践技术与战术水平，理论是实践的先导，没有一定的理论知识做基础，就无法进行有效的指导训练。理论知识是学习技术与战术的基础，而战术的基础是技术，因此，这三方面的学习内容是相互作用和统一的整体，在教学过程中必须给予同等的重视。

3.发展学生的身体素质，增强体质

身体素质是从事各项体育运动的物质基础。网球运动是一项速度快、变化多、对身体素质（如协调、灵敏、爆发力、耐力等）要求较高的运动项目。网球运动能够促进学生的生理和心理健康发展，增强体质，改善机体发育水平。而学生运动素质的提高，为顺利完成技术和战术的学习提供了有力的保证。

4.培养学生正确的思想意识和坚强的意志品质

虽然网球运动是个人对抗性项目，但是网球双打却是两个人组成的集体项目。因此，网球双打教学和竞赛过程，具有培养学生坚强意志品质的作用，而作为教育活动，网球教学必须完成对学生的教育和培养任务。让学生树立正确的人生观、价值观以及世界观，培养他们养成团结合作、热爱集体等优秀的思想品德，这也是网球教学中的一项任务。

（三）高校网球教学的基本内容

由于网球教学以初学者为主要对象，因此，教学应从最基础的知识技能逐渐向丰富的实战技术过渡。在网球运动中，技术动作与战术的配合都是必不可少的部分，也是学生必须掌握的重要基础之一。网球教学有许多内容，教师的教学内容安排要有侧重点，根据教学对象、教学目标等不同层次对教学内容进行取舍。教学又是训练的基础，在大多数情况下，教学与训练的过程交融在一起，成为一个统一的整体，所以教学内容与训练内容没有本质的区别，所不同的是教学侧重于掌握基本的动作概念、方法和技术规范，是由不会到会的过程，而训练侧重于技术技能的熟练性和运用能力，是由会到提高的过程。

1.网球技术动作的教学

学习网球运动技能时首先要掌握正确的技术动作，所以在初学阶段，最主要的教学内容是网球技术的基础动作。在这一过程中，教师应该以正确、科学的态度去组织教学活动，并根据不同水平的学生对网球运动技能形成规律的认识程度来进行合理的安排。技术动作的传授包括基础动作、技术要点以及技巧的实际应用等方面，为了让学生改进并提高自己的网球技术，教师在教学中应突出动作的规范性，提供良好的教学设施及环境等条件，让学生打下过硬的基本功，从而有效提高网球技能。

2.网球战术方法的教学

网球运动项目分为单打与双打两种，根据二者技战术上的不同，网球战术教学有单打战术教学与双打战术教学两种。在网球单打中，分底线型打法、发球上网型打法和技术全面型打法，所以战术方法的教学又略有不同；在双打战术教学中，由于站位的不同，又有双上网战术和一前一后站位的战术。因此，在网球战术方法教学中，通过战术教学使学生了解战术运用的基本方法、要点和运用时机，与此同时，还要培养学生的独立思维能力，使学生能够在实战比赛中机动灵活地运用。

3. 网球理论知识的教学

网球运动的发展已经使其形成了比较完善的理论与知识体系，其中包括教学训练理论、战术实践理论、规则与裁判方法的理论和竞赛组织的理论等，这些理论构成了网球运动的学科体系，是学习网球运动必须掌握的教学内容。

（四）网球运动教学的组织

1. 准备

（1）编写教案。应在上课前做好准备，包括对阶段目标的简述、需提高的技术、教学过程中所用的方法、训练课的组织、比赛和分配给每项训练内容的时间等。这些资料应保存在教师的文件夹内，以备将来使用。

（2）准备好必需的设备。列出所需设备的名称并按此准备，如运球车、送球架、吸球筒、捡球篮、记分器、球、硬币、目标物、绳子、球拍、黑板、笔、口哨、笔记本、秒表、电话（电话仅在发生意外求援时使用）等。

（3）做好示范的解释计划。事先做好要上课内容的技术动作的示范和解释计划。

（4）做好练习计划。事先做好可能要采用的提高练习或者对打技术的计划。决定采用何种轮换学生的方法，还要决定采用何种喂球方法、教师的站位和每项练习的轮换时间。做好需增加的练习、对打或学生的配对，以及学生的缺席准备。

（5）考核（评价）准备。准备考核（评价）应把近期教学的内容考虑进去，并做好解释和示范。

2. 安全

确保每堂网球课的安全是教师最重要的职责。上集体课是有危险的，因为许多人在规定的区域内要共同运动。

保证安全的方法有以下几点：

（1）把运球车、球筐放在学生跑动时碰不到的地方，或者避免学生从运球车、球筐内取球时出现意外的伤害。

（2）把左（右）手放在适宜的位置，以免碰到其他学生的球拍。

（3）将学生分散开，可以避免学生之间球拍的互相碰撞。

（4）不要粗野地挥拍。要求学生了解网球是一项控制的运动。避免在对打和练习中将学生安排在会被其他学生打出的球误伤的地方，并及时移开可能被学生踩上的球。

（5）将球场上的水和尘土清除干净，以防滑倒。

（6）在整堂课中要始终关心全体学生，尽量不要将后背对着课上的学生。

（7）教师在上课时不要离开场地。

（8）做示范动作时，确保学生不要做挥动球拍练习，以避免碰到其他学生。

（9）教师带移动电话上课，以备不时之需，并但不应在上课期间接听及拨打与教学无关电话。

（10）课堂离医疗室较远，应在课堂中携带急救箱。

（11）了解急救处理的方法，以便在意外伤害事故发生后教师知道如何处理。

3. 击球示范动作

在教授网球的时候，教师的示范动作与技巧要保证每位学生都能清清楚楚地看到明明白白。只有这样才能让学生准确理解网球运动中的正确击球点、落点等关键术语，并在练习过程中形成正确的技术概念。在网球初级教学要求中，教师要能够进行不同的发球类型教学以及正反手底线球、正反手拦击和高压等示范动作。

在进行示范动作时，要注意以下几个方面：

（1）开始进行演示前，要先讲清楚这一技术或者击球动作所具有的特征和功能。

（2）示范动作要慢。

（3）使用各种形式的击球示范动作。

（4）做分解示范前应先做完整的动作示范。

（5）对网球、球拍与身体之间的关系进行分析与论证。

（6）保证全体同学对老师做出的示范动作一目了然。

（7）多次反复进行示范动作。

（8）在完成示范动作时，使用简单话语或者关键词、句子对动作进行描述

（如用"从下向上"来作为底线击球的关键词）。

（9）让学生从不同角度都能看到示范动作。

4.送球

教师必须能送好球。好球意味着手送或拍送的球要力量大小适当，而且落点应是学生能做好特殊击球动作的地方。送出的球应符合学生的能力和所学击球动作的要求。

教师应能从场地上的不同地点送出六种不同形式的球，具体包括：下手抛球送落地球；用球拍打落地球式送球；用球拍打凌空球送球；在对打中，在网前拦击送球；在对打中，在底线送球；用送球架送落地球（正手、反手）。

在下手抛球、送球的过程中，教师慢慢地将球送到正、反手底线击球的位置或拦击的位置。由于手抛球的速度非常容易控制，因此这种方式的送球最适合初学者。当抛球过网时，送球者和击球者都应靠近球网。

（五）高校网球课运动教学多样化

1.高校网球课多样化教学内容体系的构建

网球教学多样化内容体系可以按照网球教学要求进行系统性构建。其结构包括理论教学内容和实践教学内容两个部分。理论课方面以网球运动基础知识以及技战术原理教学为主，课堂形式主要是专题讲座等。就网球运动作为选修课来说，应注重提高学生学习兴趣，培养他们自学能力和实践能力。普通大学生理论基础比较牢固，思维能力强，教师要将理论的实用性和系统性的一面表现出来。在教学方法上可采用启发式、讨论式以及实践教学法。比如，理论部分的内容可利用多媒体设施进行辅助教学，通过论证和分析，介绍网球运动基础知识、原理以及学习方法，阐述网球运动在增强学生体质方面的益处等。在实际战术教学方面，教师要注重与比赛实际相结合，根据场上情况及时调整训练计划，做到有的放矢。技术部分由教师做标准演示，保证让学生对网球运动的结构特点有一个明确的认识；在技能部分，教师要根据教学内容安排恰当的时机讲解各种击球技术，坚持由浅入深、由易到难原则，以加深学生的理解。教师的分析讲解要求浅显易懂，不要过多使用专业术语。这需要教师对教材内容与教学要求足够熟稔，并且熟练掌握各项技术动作要领。教师要根据教学内容合理选用教学方法，比如教学时可以利用多媒体设施展示技术结构与战术的使用情况等，也可以选择学一些能够提升网球技术的有关运动，比如羽毛球和排球，还要注意激发学生对网球的兴趣，调动他们参与练习的积极性，同时细致讲授网球运动的技巧要素，促使学生迅速掌握网球的基本技术。另外，还可以采用不同的教学方法，让学生从多方面认识网球技术动作。比如通过篮球的运球技巧学习，使学生对网球比赛中进攻时的速度变化以及防守意识有更深层次的理解；通过对羽毛球进行基础教学，让学生明白打网球还需灵活的步法等。总之，教学时既要让学生熟练掌握网球项目的基本技术，同时也要求他们能够把类似运动项目上的能力移植到网球运动上，并且还要掌握运用这些技能来锻炼身体的科学方法，从而引申出多样化的教学内容。为了能够提高教学效果，教师必须根据实际情况调整课程结构，让每一个环节都发挥最大功效。从课程内容体系来看，教师应该重视建设合理、多样的教学内容体系。

2. 高校网球课多样化教学内容体系的积极意义

（1）它与高校培养目标相一致，也与素质教育相一致

高校以培养全面发展人才为目标，学校体育教学的目标是要求学生掌握至少一个运动项目，并且通过这一运动来改善身体机能、增强体质，进而在该体育项目上实现终身参与。因此，体育教学不仅要重视对学生身体素质和专项技能的训练，而且还要重视对学生进行思想政治教育，提高学生的思想品德修养。当前，我国正在大力提倡素质教育，实施素质教育的目的就是使受教育者适应社会的发展。素质教育面向全体学生，以全面提升学生基本素质为目标，以期提高创新能力和实践能力，促使学生在德、智、体、美各方面均衡发展，使学生积极主动地学习是教育追求的目标之一。素质教育对高校体育教学提出了新的挑战和更高的要求，而高校体育课也是贯彻素质教育思想的重要阵地之一。体育是学校教育的一部分，体育教育要从两方面进行：一方面，健身；另一方面，传授体育文化。因此，高校体育课必须把"健康第一"的指导思想贯彻到整个教学过程中，将体育锻炼与思想政治工作结合起来，充分发挥两者各自的优势，形成一个有机整体，共同推动高校体育教学改革和发展。这样不仅可以适应大学生现在的需求，也可以促使大学生在终身体育发展中谋求长期效益，让学生科学地理解体育文化，增强锻炼自觉性。

网球运动属于新兴体育运动项目，如雨后春笋般在国内各院校迅速开展。由于我国各地区教学发展水平不均衡，因此不同区域的学生对网球的学习兴趣也各不相同，这给体育教育工作者提出了新的要求和挑战。网球运动属于一项难度较高的运动项目，目前我国各高校的网球课教学效果均不尽如人意，必须提高网球课教学质量，教师应该对网球的各项技术要点以及战术间错综复杂的关系有一个清晰的认识，在此基础上大力开展教学创新，对网球课教学内容有一个整体把握。体育教师只有通过不断学习和总结教学规律，才能使网球课的教学模式更科学有效。网球项目和大部分球类项目之间存在很多相似性，不管是课中或课外均需建构多样化教学内容体系，以促使学生更快掌握网球运动的基本技术。建构网球课多样化教学内容体系符合当前高校开展素质教育的需要。

（2）有助于调动学生的学习主动性、积极性

学生的学习既是认知活动，也是情感活动的一种。在教学过程中，教师必须根据不同类型的内容采取灵活多样的教学方式，使每个学生都能得到充分发展。实践表明，多样化的教学内容能直接调动学生学习的积极性与主动性。因此，在教学过程中要根据不同年级和班级的特点选择适合学生发展需求的课程内容。若教学内容单调乏味，会导致学生缺乏学习热情，从而产生应付的心态。另外，由于教师授课时间有限，不能满足每个学生的需要。网球课只有实行多样化教学内容，才能激发学生的学习热情。多样化的教学内容还能使教师对不同层次的学生进行有针对性的教学，从而达到优化课堂教学效果的目的。在一定意义上来说，建构多样化教学内容体系是增强网球课教学效果的有效措施。

（3）有利于扩大学生知识面

教学并非"影印机"，属于认知活动的范畴，因而必然受到教育内容的影响，这就要求教学内容合理且丰富多样。其结构包括理论教学内容和实践教学内容两个部分。教学内容是否恰当直接影响教学效果，也影响学生对知识掌握的效果。因为学生对知识的掌握过程是先进行感知、记忆，再进行思维、想象。

二、高校网球运动教学的原则

教学原则就是对教学规律进行归纳与总结，是进行教学活动应遵守的规范。网球运动作为一种广受欢迎的运动项目，其教学有自己的特点和规律。在网球教

学过程中，不仅需要遵循教学的普遍规律与原则，还必须遵循网球教学的特殊规律与原则。

（一）一般原则

1. 直观性原则

在网球教学中，通过学生的各种感官，丰富学生的感性认识，使学生获得生动的表象，从而掌握网球的知识、技术、技能。网球教学中常用的直观方法有技术动作示范、比赛录像、助力和阻力等。通过这些直观教学方法，使学生认清各项基本技术特点、运用范围、动作方法和要领、动作结构和动作之间的相互内在联系，建立正确的技术动作概念，从有意识的模仿、体验动作，达到尽快掌握技术动作的目的。

运用直观性原则应注意以下几个方面：

（1）提示重点

在运用直观方法教学中，应让学生知道看什么和如何看。例如，教师做发球技术示范前，应讲明这次示范先看抛球时手臂动作和两臂的配合，再看击球前的"搔背"动作。做截击球示范时，要向学生强调注意看击球点的位置和球拍的运动情况。

（2）讲解正确生动

教师正确的示范，生动的讲解，充分发挥动作音像教材的演示特点和作用，对提高直观教学的效果能起到积极的作用。例如，学生初学正手击球技术时，挥拍击球的协调用力不好，在纠正学生错误动作时，可以以日常生活中"拿脸盆把水泼到很远的地方"这一动作为例，使学生感受发力时的动作，可以迅速解决这个问题。

2. 循序渐进原则

网球知识与技能的掌握是一个循序渐进的过程，传授技术技能应由浅到深。在整个训练和比赛中，应注意掌握好各个阶段的重点内容。另外，所学知识技能也要经常实践和巩固，因此应采取有效措施及时对所学内容进行夯实。运用循序渐进原则，应注意以下几个方面：

（1）教学内容的安排由易到难

在合理安排教学内容、组织教学的时候要遵循由易到难、由简到繁的原则。在讲解基本理论知识之前，要根据学生掌握的实际技能水平，选择适当的内容进行讲解。网球运动中各单项技术动作的练习排列次序也很重要，通常先练正手再练反手，然后是截击练习、发球练习以及高压球练习。练习过程以单打为主，也可采用双打或其他形式。组织单项击球技术教法，通常由单人练习逐渐向多人练习过渡，由少回合击球练习向多回合击球练习过渡，由慢球向快球过渡，由平击球向旋转球过渡，由直线球向斜线球过渡。

（2）教学内容连贯

循序渐进的原则需要在保证教学内容系统、连贯的基础上实行。对不同教学过程来说，教学内容不能一视同仁，要做到主次分明、分清基本点与重点，学会抓关键、带整体。例如，在教学实践中，正手击球四个阶段的要点是把握好向前挥拍的击球动作，找到固定击球点，在击球过程中控制拍面角度。

（3）制订教学计划时考虑前后衔接

在制订教学计划时，需要兼顾每个击球技术动作在练习过程中的前后连贯，做好衔接训练，逐步提升难度。在教学实践中，我们发现很多学生在学习网球技术时会出现一些习惯性错误，这是因为他们前期没有掌握正确的动作姿势，进而影响了对技能的学习。学生的球性与球感会在练习中不断加深，在初期，教师可以安排学生进行对墙击球以及两人不着地颠球等活动练习，并逐步向截击球技术练习过渡。

（4）逐步提高运动负荷

在教学中要逐渐增加运动负荷，使身体机能循序渐进地适应训练强度。比如在进行热身准备时，在正常的情况下，心率要由低至高逐渐平稳增长；当学生进行力量训练后，可适当加大运动量，加快恢复速度，提高肌肉耐力和爆发力。对于底线击球的练习安排，击球节奏要由慢变快；在比赛前和比赛后可适当加大运动量。二人隔网互练时，击球距离应由近到远、逐渐拓展拉长。

3. 自觉性、积极性原则

在学习活动中，学生处于主体地位，教师仅发挥主导作用，唯有学生的积极参与才会产生良好的教学效果。根据学生的实际情况进行分阶段的合理训练，目的是让学生快速掌握正确的技术动作，提高身体素质和心理素质水平，为今后更好地完成学习任务打下良好基础。所以在进行网球教学的过程中，要遵循自觉积极性原则。贯彻自觉积极性原则，应注意以下几个方面：

（1）引导学生正确认识学网球的目的

学生要明确学习网球的目的，是准备参加比赛夺取名次，还是一般的健身娱乐，掌握技能，终身受益。

（2）引导学生主动学习

要引导学生自我思考、自我控制，并主动地去学习。让学生互相观察技术动作，提出问题，挖掘原因，并找出纠正错误的有效方法，然后再想象纠正自己所犯的同样的错误。做到对错误动作要知其然，并知其所以然。

4.巩固性原则

巩固性原则是指在网球教学中，为使学生牢固地掌握网球技术，教师应指导学生进行反复学习和练习，从量变过渡到质变，达到运用自如的程度。巩固性原则是由条件反射强化和消退的理论及人体技能适应性规律所决定的。

5.从实际出发原则

从实际出发的原则，是指在综合考虑学生年龄、性别、体质状况、运动素质等个体因素以及实践的场地、设施器材、环境气候等现实条件的基础上制定教学任务、教学内容、组织方法以及运动负荷，使学生能够接受，并充分、有效地掌握击球基本技术，完成课上任务。贯彻从实际出发的原则，应注意以下几个方面：

（1）掌握学生的身体状况

要想掌握学生的身体状况，教师应进行具体调查与分析。在组织与开展网球教学时，教学内容、教学任务、组织方法与运动负荷等，均应与学生实际水平及承受能力相一致，如在少儿选手教学中，如果没有事先注重球感与球性的训练而直接传授击球动作的完整步骤，那么学生就会因为无法判断球的走向而难以击中网球。另外，由于初学者不能正确地掌握击球姿势与步法的技巧，因而很容易造成运动损伤。有些学生的乒乓球、羽毛球技术掌握得比较好，在打网球时就会有多余的习惯性手腕动作，难以理解网球的技巧在于身体与腿部的协调发力，甚至因操作不当对手腕造成伤害。

（2）合理安排运动负荷

网球运动教学以身体练习为主，学生在学习和掌握网球技能的过程中承载着一定的运动负荷。因此应促使学生提高机体素质，以适应更高强度的网球训练。如果教师不能科学地安排和制定好运动量，就会导致运动员负荷过重，影响技术动作的完成质量。所以合理地安排运动负荷并不只是学习技战术的需要，也符合推动学生提高运动素质的要求。

（3）考虑学生情况的一般性和特殊性

教师既要考虑到学生情况的一般性，又要考虑到学生情况的特殊性。例如，在学习一般技术动作时，对于运动素质较高的学生，应在完成动作的质量上提出更高的要求；对于运动素质较差的学生，则可采用一些特殊的教学步骤和辅助练习，用来鼓励和提高他们的信心。

（二）专项原则

网球运动具有独有的特色，网球运动技能具备开放性，依据隔网对抗性理论，结合网球教学的实际经验，以认知策略为视角，归纳网球教学中独特的教学原则如下：

1. 学习与实战相结合原则

网球技术具有对抗性、开放性等特点，这就决定它在教学过程中必须将实战对抗能力的培养摆在一个重要位置。因此，对网球运动员而言，掌握好基本技能训练的同时也应注重实战应用意识的培养。在认知策略方面，技术动作学习结合实战运用开发，顺应开放性运动技能教学规律。从实践来看，通过对技战术体系构建、比赛情境设置以及运动员自我监控等方面的分析可以看出，网球训练应将"以实战对抗为核心"作为基本指导思想。学生获得网球技能后，应先树立运动中的对抗观念以及技术实效观念，而非将技术仅仅看作一种由身体操作的固定程序。同时还应该认识到只有通过对比赛实战的观察、分析和判断，才能提高自己对击球点和落点等方面的控制能力。在一定意义上来说，网球技能形成与发展的普遍规律是从实战中学和在适应中学，所以一定要将技术动作学习和实战运用能力训练开发进行有机结合。

2. 知觉优先发展原则

网球项目是使用球拍击打网球使其落于对手场地界限内的运动。其独特的运动环境由场地、器材等元素组成。在这些因素中，场地环境因素起着决定性作用，器材设施起着辅助作用。对于环境与器材的感知，是一个专门性知觉的开发过程，其中球拍控球能力在网球教学中非常关键，在教学中常借助大量多球练习使这一能力得到优先发展，保证学生学好技术动作。在专项力量训练中，学生的身体形态特征与身体素质水平各不相同，教师在组织安排训练量的时候要遵循科学合理原则，避免学生因负荷量过大发生运动损伤，从而影响学生对网球技能的掌握。总之，优先发展专门性知觉是网球运动中独有的教学原则。

3. 个性化原则

规范技术动作是网球教学中师生所共同追求的。技术动作规范化就是要做到节省力气、扩大实效。从认知心理学角度来说，规范是在对技术概念进行理解后所获得的一种心理上的认同。因为学习者的行为习惯、智力发育、身体形态、身体素质以及网球运动的体验等都不同，所以"技术动作规范化"在个体表现上有很大差异。可以使用文献资料法、专家访谈法、问卷调查法等研究方法对我国普通高校大学生网球技术课中常见的问题进行分析与探讨，为高校体育教育教学改革提供参考依据。教学目的就是让初学者经过实践，找到最适合自己的科学运动训练方法。所以网球教学应以规范化为前提，以技术个体化为原则，允许学生在技术动作方面有细微的差异。只有这样，才能提高网球教学质量和效率。另外，由于个体差异，在网球教学中一定要针对不同的对象，选用不同的方法，照顾到每位学生的学习速度，实行区别对待原则。

第三节 高校网球运动教学的有效方法

网球教学中应该选择合适的教学方法。网球常见教学方法包括直观法、语言法、练习法、分解与完整法、预防与纠正错误法、比赛法等。

一、直观法

（一）动作示范

动作示范是网球技术教学中最为常见的一种方法。体育教师可以依据教学任务挑选特定动作进行示范，让学生明白所要学习的规范动作、结构要领以及技巧方法。通过示范使学生在头脑中建立起正确而清晰的动作体系。既利于受教者对动作表象的塑造，又能引起学生们的兴趣（特别是在演示动作和谐、优美的情况下）。正确地使用动作示范法有助于学生掌握各种不同类型的击球技巧，转化为自己熟练运用的技能。所以体育教师要不断进行学习研究，持续改进动作示范。正确地使用动作示范法可以激发学生练习网球技术的积极性，促进技术技能的掌握和发展。在具体应用动作示范法时，要注意如下问题：

1. 突出教学重点和难点

学生在特定网球技术动作的学习过程中，最重要的是要把握好这一动作中的难点与要点。因此，体育教师在示范教学的过程中必须对每个技术动作中的重难点进行明确的分析，辅以言简意赅的讲解，从而让学生更能明确把握动作重点与难点，附带的其他问题也会得到解决，有助于网球技能的顺利学习。

2. 确定示范的主要内容

（1）示范位置的确定

教师在演示的时候，要选择好示范位置，注意学生的站位应背向强光，保证自己示范的姿势动作能让每个学生清楚地看到，示范点应综合考虑队形长短和场地情况，在一般情况下，最好距离学生 2～3 米。

（2）示范重点

网球教学中教师的示范内容必须有轻重缓急之分。示范时要考虑到不同技术特点与能力水平的学生之间存在的较大差异，必须使每一个学生都能准确地掌握正确的击球方法，并能够熟练地运用这些方法来完成学习内容。在演示前应根据教学内容及任务，为学生规定一个合理的达标准则，明确示范的要点和任务。教师还可以先做完一个完整的演示，再开展分解动作示范或者重点动作展示等。

（3）示范动作

优美和谐的示范姿态能给学生以极大的吸引力，创造有利的学习心理和生理条件，加速形成运动条件反射。在教学中教师要通过正确而富有启发性的语言来诱导、启发学生进行积极思维活动。示范动作具有层次性和逻辑性，先是完整的基本动作示范，然后结合慢动作与分解动作加深学生的理解和记忆。同时应根据教学任务合理地安排练习次数与强度，并注意在不同情况下选择适宜的方法进行训练。此外，示范动作也要注意张弛有度、大方和谐，让学生直觉感官受到良性刺激，产生美感，从而对网球产生强烈的兴趣，为达到好的教学效果打下坚实基础。

（二）直观教具的使用

教师现场示范常常是一晃而过，学生不能较长时间观察，而像模型、实物一类的直观教具，学生可以长时间仔细观察，并能因势利导地凸显某一细微环节以增强教学效果。目前在网球教学中，直观教具并未发挥重要的作用，还有待加强。

（三）附加装置的使用

给球网加上一根细绳，以调整学生击球时的弧线，从而实现把球打得更远的目的；为了使学生击球更加准确，可以将若干圆锥体置于对方的场地内，方便学生参考、判断落点位置。

（四）电化教育

一场实际的训练或者比赛的精彩点很多，只观看一次往往印象不深；或只看到某一个人或某段运动技术，很容易遗漏其他方面的重要内容，常常看了这边，忽视了那边；所以在教学中，我们让学生经常看一些速度较快、效果很好的运动影片和录像资料，在重复观看的基础上给学生提供更多的参考。电影和录像弥补了观看实战比赛节奏过快的缺陷，尤其是慢速电影，更是别具特色。因此，要特别重视电化教育。比如录像反馈就是一种很好的电化教育方式。在网球教学中，录音录像的方法有以下几个重要作用：

（1）可以有效控制教学过程。录像反馈教学，可以让教师、学生及时获得有关自身动作规范的反馈信息。因此，录像反馈教学可以让老师更好地了解学生的学情，掌握自身的教学效果。这种方式在一定程度上克服了传统教学方法中师生互动不充分、教学效果差等缺点，从而促进学生掌握更多有效技能，提高教学质量。特别在个体差异存在时，方便教师有针对性地对单个学生因材施教。同时，录像反馈教学能够让学习者在练习时与同伴交流自己的学习方法和效果，从而调整自己的动作。学生也可相互借鉴别人的动作，集中化整体技术动作优势。因此录像反馈教学在体育教学中具有重要作用。教师可通过录像反馈，对整个运动中所形成的偏差进行及时矫正和控制。

（2）反馈及时、准确。网球技术动作一般都在很短的时间内完成，而且教师也只能等待着学生完成动作后再予以矫正，因此教师只能在突出的问题上纠正学生，却忽略了很多细节，但常常是细节动作对技术形成起决定性作用。录像反馈这种教学方式弥补了这些缺陷，在教学中，录像可以停顿、慢放或者重放等手段给予师生更多的探讨空间，把握问题重点，分析技术要点，有的放矢且真实有效。教师有时间更清楚地关注细节，有效纠正学生的动作。这样既可弥补课堂上教师的不足，也能提高课堂教学效率。同时录像反馈教学可以保证师生之间进行及时、准确的信息反馈，教师和学生一起分析和探讨，多方位反复刺激，能让学生在教学过程中获得针对性的改进建议。

（3）可提高学生学习的积极性。录像采用最有效的刺激形式、用最适当的刺激强度对学生产生影响，增强了学生的学习兴趣，只有学生学习积极性得到提高，才能取得最佳学习效果。

二、语言法

语言法是一种效果很好的教学方法，透过有效语言反馈，能让学生从外在获取自己的完成动作是否正确的信息，从而帮助学生对技术动作进行学习掌握。在网球运动训练中，运用语言法能起到事半功倍的效果，应重视语言法在网球教学中的应用。运用语言法应注意如下几点：

（1）具有针对性反馈

有针对性地反馈内容，包括学生哪里做错了、应该怎么做，这些反馈信息应简单明了，以解决问题或改正问题为目的。只有正确的信息反馈才能帮助教师更好地发挥语言教学法的作用，保证学生理解自身错误动作产生的原因。如果反馈信息不具体、缺乏目的性的话，就不能起到很好的作用。比如练正手打落地球，有针对性的反馈内容使自己的击球点位于身体右前，这对发力是有好处的，太落后就会影响击球效果，所以要做好提前挥拍的准备。

（2）具有建设性反馈

建设性反馈既可以肯定学生行动中的积极因素，还可以提出积极的改进措施。这种形式有助于促进学生的自我反思能力与合作意识的发展。比如在教授发球动作的时候，提供建设性反馈："你发球的力量很大，已经对对手造成了威胁，但是要注意提高对球的落点控制，并增加发球的稳定性。"

（3）具有时效性反馈

当学生做完动作时，教师要尽可能快地给出有效的反馈内容。当学生已经掌握了一定数量的技术要领之后，教师要及时对其进行评价，以促进下一步教学工作的顺利进行。此时学生对刚刚做完的运动记忆比较清晰，对运动本体的感受也比较强烈，因此，这时可以从反馈中吸取更多有用的内容。

（一）讲解法

讲解法在网球语言法中运用最为广泛，也就是教师在教学中，把任务、内容要求、动作名称与要领等重要信息通过简明的语言讲述给学生的一种方法教学。在网球教学训练中，运用讲解法能起到事半功倍的效果。在理论教学中，无论是思想教育，还是技术教学，都具有不可忽视的地位。因此，讲解法的运用也就成为体育教师必须掌握的技能之一。就讲解法而言，要做好以下几点工作：

（1）明确宗旨，有的放矢。应结合学生实际情况对教学内容有的放矢地加以区分说明，注重客观效果。在训练过程中，可结合教学要求及时调整训练方法或改进教学方法。无论是理论讲解还是技术动作分析，都要进行详细说明，有利于在实践练习的时候正确运用理论知识要点。

（2）强调系统性、逻辑性。讲解时应注意突出重点，难点问题应在讲清要点的基础上提出来。在网球教学过程中，教师所阐述的知识一定要具有科学性、系统性与逻辑性，教学内容应该是全面而完整的，强调新旧知识之间的有机联系。在讲解时，既要遵循教学大纲的规定，又要突出教材的特色，按照学生认知规律由简单到复杂、由浅入深的进行讲解。练习时首先以正打为主，同时注意引拍击球的时机、角度、方向等问题。对技术动作的讲解，通常是按动作形式的用力次序来进行的，动作幅度与衔接速度是根据动作节奏的先后来安排的。其次是步法移动，重点讲述各种不同类型步法移动的时机、步幅、角度等。正拍抽球作为网球最常用的基本击球方式，在讲解的时候，先把准备姿势讲清楚，再讲授动作顺序。另外，在讲解中一定要使用专业术语对动作过程进行说明，详细分析人体各部位的姿势、运动方式及身体和器械之间的关系。

（二）口头评讲法

口头评讲的应用十分普遍，就是教师在向学生传授知识、技术的过程中，对学生的技能掌握状况与思想作风及其他性能的评价反馈。例如，在网球教学中，教师可根据不同情况采用各种方法向学生传授一些基本理论知识。在网球技术的教学过程中，通常采用口头形式向学生提供即时反馈。教师要注意根据不同层次的学生采用不同的评价标准，并及时加以调整。对学生思想作风表现进行口头讲评时，原则上要实事求是，但是对于自尊心强、较敏感的学生，要注意说话方式与手段。如果能抓住重点或关键处进行表扬和鼓励，则会使学生受到鼓舞。对屡教不改的学生可以考虑态度适当严肃一些。

（三）阅读书面材料法

现代教学并不一定全由教师来讲述，在许多情况下，可要求学生阅读书面材料。通过阅读课本或报刊资料来获取相关知识，不但能让学生掌握更多知识，还能培养学生的自学能力。此外，教师可以通过批改训练日记的方式来教育引导学生。

（四）自我暗示法

自我暗示可以看作无声的语言。可以采用心中默念和展开联想的方式。需要注意的是，自我暗示应该目的明确并且与个人实际密切结合，以引起有效的联想。

三、练习法

在实际的网球教学过程中，教师可采用许多不同的练习方法。但不管用什么办法，均需考虑到最根本的基础需求，例如，练习目的、可用球数、场地数量、学生数量、学生水平层次（送球能力：手送、球拍送或对击），启挡墙及其他可用设施。常见的网球练习方法主要有以下几种：

（一）挡网练习法

教师让学生在场地周围向挡网进行击球的方法。

（二）教师送球，学生排队轮流击球法

教师把学生分为两列，教师及其他辅助教学的人员分别向各列送球。开始时先从前排送进一个网球，然后再依次向后排传递。排头同学击球后要去捡球。

（三）击球—抛球—捡球练习法

在教师或者辅助教学人员不充分的情况下，送球者是负责监督、观察、指导，

并帮助其他学生学习和掌握动作技能的人。在一个小组中，同学之间可相互送球。送球者可以作为教师进行伙伴教学法，其他同学是捡球的，学生要不停地轮换。

（四）对打

对打练习是让学生在实践练习中找到比赛的感觉，改进他们的技术和技巧。对练的好处主要是能让学生学习如何控制球，训练学生对球的判断能力。

在对打练习时，常用的做法如下：

（1）单独击球。教师与学生站在赛场同侧，学生围成半圆，便于教师观察到每一位同学，学生认准目标击球。

（2）无障碍对打。学生面对面地练习接发球或者击打假想障碍。

（3）有障碍对打。指在球场纵向中间拉一根绳子，形成6个小球场，12个队员可同时进行对打的练习。

（4）比赛式对打。这种方法是指教师送球给学生，并结合比赛中的情形进行的练习。

（五）墙球

墙球练习是一种非常好的练习方法。在"小球场网球""网球练习"和"墙球练习"的录像带中都能找到。

（六）多球练习

多球练习应该考虑诸多因素。比如，球筐应该放在教师不持拍的一边；送球时，观察学生的动作；根据学生的水平变换球的速度和难度；在人数多的练习中切不可快速送球等。

（七）变换练习

变换练习的方法主要包括以下几种：

（1）改变记分。比如将重点放在良好随挥动作的记分方法上。学生随挥动作良好，可记作1分；如果随挥好并且击出的也是好球，便可记作2分。

（2）改变比赛。比如可以练习中组与组之间的比赛代替个人之间的比赛。

（3）更改规则。比如当练习发球上网时，可采用12分记分制，鼓励底线队员破网穿越，从而达到不使用挑高球的目的。

（4）变化目标大小以保证挑战性。

（八）多种形式的练习

把一个班中水平相同的选手分成一个组，使用多种练习方法。每种练习方法（通常在一块球场上）组成不同的活动或练习（如一个场地练习发球，一个场地练习拦击，一个场地练习底线击球）。在一段时间后各组进行轮换。目的是在训练结束时，每个学生都进行了各种不同的形式练习。

通常有些练习没有特定的目的，只是让保持学生的注意力。这些练习可以用来弥补技术训练中跑动较少的问题。这种练习通常要短（如跑向挡网和后面、接力跑等）。教师在训练中，应坚持安排10~20分钟的这种练习，并将这些练习融合到训练课中，以达到保持兴趣的目的。

四、分解与完整法

（一）分解教学

分解教学就是将一整段网球技能动作合理划分为若干环节，按节逐个讲解，最后让学生对动作技术有一个全面的把握。分解教学可以化繁为简、变难为易，让繁杂的动作变得简单、明了，从而使教学过程简单化，提升学生的学习自信，有利于学生更快、更好地掌握复杂动作。分解教学也符合体育教学的特点和规律，它既可以促进教师提高教学质量，又可以培养学生分析问题和解决问题的能力。然而分解教学若应用不当，易导致动作割裂，损害动作结构完整性，最终影响正确技术的形成。所以在实施分解教学的时候，必须让学生清楚地认识到被分割的那一部分内容在一个完整动作中所处的地位和所起的作用；同时，也要兼顾各个部位运动的有机联系，使得动作部分的分割不改变运动的构造。分解教学法对完成某一特定的任务来说有一定的优势，但它并不能完全取代整个动作教学过程。经过分解教学，在学生基本掌握了各部分的动作后，教师要及时过渡到完整的动作练习，应该清楚地认识到，分解仅仅是一种手段，完整是宗旨。

（二）完整教学

完整教学是指从动作开始直到完成，不分节、段，进行完整的教学。在体育教学中此法是一种比较简便可行的教学方法，可使运动完整，既不破坏动作的结构，也不破坏各个部位内在的联系，方便学生全面掌握正确的技巧。因此它被许多国家广泛采用。完整教学法通常用于讲解较简单的技能动作。

（三）分解教学与完整教学综合运用

教师要根据动作复杂程度以及学习者接受能力等因素选择适当的教学方法。在一般情况下，分解教学法比完整教学法更能发挥作用。在讲解简单技术的时候，完整法比分解法效果好，但是在复杂动作的教学上，分解法又比完整法好。在教学中，教师可根据不同对象的具体情况，灵活运用这两种方法来完成教学任务、进行教法设计和组织实施。对于有良好基础和学习能力的学生来说，适合完整法施教；对于水平一般者或者基础较差、学习能力较弱的学生来说，宜用分解法进行教学。总之，采用的教学方法既要体现因材施教原则，又要便于教师组织实施和控制教学进度。

五、预防与纠正错误法

（一）预防法

预防法是指教师在授课的时候，采取多种有效的手段预防错误动作发生的教学方法。它是一种有目的、有意识地运用一些防错措施和办法来避免和纠正学生的错误动作的教学方法。在教学时，教师要依据教材的内容和特点，对学生可能出现的差错进行预先提醒，或者从教学手段的角度重视防范，对于已经出现或意外出现的错误动作，应及时予以纠正，避免学生形成固定的错误动作，降低错误动作发生率。

（二）纠正错误法

纠正错误法是对学生个体所犯错误、班组集体普遍存在的差错和战术配合所形成的差错进行纠正，是教师采取的有的放矢的纠错手段与方式。从教学过程来看，通常采用正误对比法、矫枉过正法、降低难度法、附加条件法、限制教学法等。学生出现的错误技术动作也可能是由教师安排的练习内容不当造成的。总之，在学生出现错误动作时，要针对不同的情况对症下药。

六、比赛法

比赛按内容可分为专门性的技战术比赛与实战性比赛；按规模，可分为内部比赛与公开比赛；按比赛分数，可分为规则规定的比赛和特定比分比赛。利用比赛法不仅可以充分调动学生的积极性，而且可以通过实战检验学生的技术动作水平。运用比赛法练习时，可根据不同的目的，选用不同的比赛方法。

第三章 高校网球技术教学与训练

在网球训练之前，网球初学者需要对网球的一些知识有所了解，比如击球、握拍、接发球等方面的知识，只有对网球有了一定的了解之后才能更好地掌握技术。尽管很多的网球初学者的主要目的是健身、娱乐，但掌握正确的技术和基本理论知识，对即将开始学习网球的基本技术是很有益的。本章主要讲述高校网球技术教学与训练的相关知识，从十个方面展开叙述，分别是握拍法、正手击球、反手击球、发球、接发球、截击球、高压球、挑高球、放小球、步法练习。

第一节 握拍法

握拍的基本手型应该保持手与球拍的一体，我们也可以这样认为，球拍是球员身体的一部分，是球员手臂的延伸，在握拍的时候需要注意以下几方面的动作要领：

第一，手掌不能握在拍柄的中央，手的边缘应该与拍柄的底部齐平。

第二，手掌的手指和掌心应该与拍柄尽可能地贴合在一起，达到拍手无间、拍手一体，不能仅仅使用手指来捏住拍柄。

第三，为了避免在击球的时候球拍脱手，需要在握拍的时候，让拇指环绕过拍柄紧紧贴压在中指上，不要留出空间缝隙。

第四，在握拍的时候需要食指与中指略微分开，与拍柄自然地靠拢在一起，如果在握拍的时候像握拳一样将球拍死死地抓住，就会失去握拍的随意性和灵活性，长时间手会感到疲劳，不利于控制球拍。在握拍的时候整个的手形特别像在开枪时要扣扳机的模样，食指与中指分开。

第五，在方式上，网球握法也有所不同。根据持拍手的虎口相对于拍柄各棱面的位置分为四种方式：一是大陆式握拍，二是东方式握拍，三是西方式握拍，四是双手握拍等。

一、大陆式握拍

大陆式握拍别称"榔头"式握拍法，在使用这种方法握拍的时候，食指的根部需要压在拍面水平的那个平面上，使拍面的角度与地面保持近乎垂直的状态。这种姿势就仿佛在使用拍框的侧面来钉钉子（如图 3-1-1 所示）。大陆式握拍法可以用于所有类型的球，这种握拍效果最好的时候是在发球、打削球、打过顶球、打截击球、打防守球时。

图 3-1-1　大陆式握拍示意图

（一）优势

在发球或者在打过顶球的时候，采用大陆式握拍法可以保持手臂的自然下压，这样最有利于攻击，也不会对手臂造成太大的压力。因为在网球中在打正手和反手球的时候是不需要对握拍法进行调整的，因此，在打网前截击球时最好的选择就是大陆式握拍法。大陆式握拍法可以迅速转换攻击和防守的状态，同时也适用于在防守的时候回击已到达身体侧面、击球点较晚的球。

（二）劣势

大陆式握拍法有一个缺点就是很难打出带有上旋的削球和击球，换句话说，击球的点比赛场上的球网要高,因为球停留的时间非常短,这就导致回击球的时间非常短,对于高速的落地球大陆式握拍法很难处理。

二、东方式握拍

(一)东方式正手握拍

使用东方式正手握拍有一个小窍门,即将手在拍弦上平放,然后手向下滑,在拍柄根部抓握。东方式正手握拍从技术层面上来看,就是先使用大陆式握拍法拿好球拍,然后将球拍逆时针旋转,对于左手握拍的球员需要向顺时针方向转动,当食指的根部压到下一个接触的斜面的时候即可(如图3-1-2所示)。

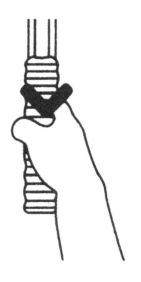

图3-1-2 东方式正手握拍示意图

1.优势

"万能握拍法"指的就是东方式正手握拍,东方式正手握拍不仅可以打出具有力量性和穿透性的平击球,还能通过摩擦球的后部打出上旋球。就握拍方式的转换而言,东方式正手握拍很容易进行握拍的转换,因此,东方式正手握拍对于喜欢上网的球员是一个很好的握拍方式选择。

2. 劣势

东方式正手握拍有一个显著的缺点就是不适合打高球，虽然东方式正手握拍的击球点相对于大陆式握拍来说，在身体前部更远、更高，打出的球也具有穿透性和力量性，但打出的球多为平击球，稳定性方面并不乐观，在多回合的比赛中基本不会使用东方式正手握拍，对想打出更多上旋球的球员来说，并不适合使用东方式正手握拍。

（二）东方式反手握拍

东方式反手握拍可以先使用大陆式握拍，然后对球拍进行顺时针的旋转，若是此时左手持拍则逆时针旋转，用食指压在上一个斜面上，如此便是东方式反手握拍（如图 3-1-3 所示）。

图 3-1-3 东方式反手握拍示意图

1. 优势

东方式反手握拍一样可以保持手腕的稳定性，在比赛中，可以打出具有穿透力的球，也可以打出具有稍微旋转的球。对于握拍方式之间的转换也非常方便，要想变回大陆式握拍只需要进行微小的调整即可，这就方便比赛中球员在网前截击时或者在削球时进行轻松的握拍转换。

2. 劣势

东方式反手握拍的优势是可以对低球进行非常妥善的处理，但是对于肩部以上的上旋回球就会很难把控回球，因此，在绝大多数的情况下，是将球反击到对手场内使用防守型的削球。

三、西方式握拍

在美国西部加利福尼亚州一块水泥硬地球场中发展起来的握拍手法就是西方式握拍法。在西方式握拍法中，网拍面不管是正手还是反手击球都是同一个。球员在使用西方式握拍法打反弹球的时候可以通过反手多打斜球，正手打出有力的上旋球，因此这种握拍方法非常适合打齐腰高球与跳球，但是不适合打反手近网球、低球、截击球（如图 3-1-4 所示）。

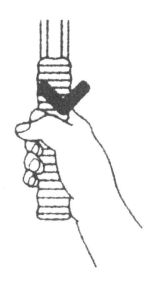

图 3-1-4　西方式握拍示意图

（一）西方式正手握拍

西方式正手握拍需要保持拍面与地面的平行，用手抓住拍柄需要从拍上面抓，手掌根需要紧紧贴住拍柄右下斜面，保持食指和拇指都不向前伸，拇指压在拍柄上面的小平面，食指下关节紧紧握住柄的右下斜面。

（二）西方式反手握拍

西方式反手握拍，虎口"V"字形向右转动，对准拍柄右垂直面，掌根紧紧贴住右下斜面处，与拍柄底部保持齐平。翻转拍面，使用正拍的拍面击球，也就是说，在正手握拍后，需要将球拍上下颠倒，击球时使用同一个拍面。

四、双手握拍

双手击球时，不管正手、反手，一定要将与来球方向同一侧的手握在拍柄的上端，另一只手握在靠近拍柄的下端。

（一）双手正手握拍法

右手是东方式正手握拍法，握在拍柄的上方，左手是东方式反手握拍，握在拍柄的下方，双手靠拢紧握球拍。击球后右手换握到拍柄下方，左手扶拍颈进入下一击球的准备姿势，因上下换握手很麻烦，所以这种握法几乎没有人使用。

（二）双手反手握拍法

双手反手握拍法中的右手是东方式反手握拍法，也就是说拍柄的第一条线由"V"形虎口对准，手握在拍柄的下端；左手为东方式正手握拍法，即"V"形虎口对准拍柄的第二条线，握在右手的上方，双手靠拢紧握球拍（如图 3-1-5 所示）。

图 3-1-5　双手反手握拍示意图

第二节 正手击球

单纯从理论上来看，正手击球的动作比较深，可以进行有力的击球，同时保证速度很快。在比赛中有很多正手击球的机会，正手在击球之后可以为球员营造更加有利的局面。本节以右手握拍者为例，对正手击球的一些关键动作要领进行介绍，之后介绍的一些基本技术也都是站在右手握拍者的角度进行阐释。对大部分人来说，好的正手可以成为个人进攻的优势，更可以发展成为强有力的武器。

一、正手击球动作要领

正手击球的动作要领（如图 3-2-1 所示）。

图 3-2-1 正手击球动作要领示意图

球员要正对球网，两只脚向前自然分开，保持与肩同宽。要将身体的重心放到前脚掌上，身体略微前倾，双膝微屈，右手握拍，此时左手轻托拍颈，双肘保持微屈的状态，使球拍自然舒服地放在身前，拍面要与地面保持平衡，将拍头指向对方，集中注意力，双眼注视对方的来球，做好回击来球的准备。

当判断来球需要使用正拍反击的时候，要扭动双脚，右脚向右转 90 度与底线保持平行，抬起左脚向右前方迈步，与此同时，要转肩让右手向后边摆动来进行引拍，这就是关闭式步法，一般初学者比较适用这种转体方式。还有一种步法为开放式步法，在开放式步法中，两脚平站，左脚是不需要上步的，需要更多的向右边转体的动作。在引拍的时候，要保持肘部的自然下垂和肘部的弯曲，拍头不能高于膝盖，同时左手向前方伸出，维持身体的平衡，在后摆引拍的时候，身体的重心发生转移，移动到右脚，让左边的肩膀对着右边的网柱，保持固定的手腕，挥拍转动约 180°，将拍头指向后挡网。

在从后摆向前进行挥拍的时候，要紧紧抓住球拍，手腕向后伸展，双脚用力蹬地，通过转动身体来进行挥拍，击球点主要在身体的前方右侧，不能高于腰的高度，在回击球的时候一定要保持快速的挥拍，在挥拍的时候，拍头处于一种自上而下的挥臂状态，让球可以成为略带上旋的球。

当拍接触到球以后，要使球与球拍的接触时间尽可能长一点，然后挥拍，让球沿着飞行的方向前进，重心在前脚，身体也要转动面向球网，在左肩的上方结束挥拍动作，拍头的位置要高于头部，指向上方。相对于后摆动作，随挥跟进动作要大并且充分，以此来保证击球的时候具有稳定性。在结束随挥跟进后，要立马恢复之前的准备姿势，对下一次的击球进行准备。

二、注意事项

击球时眼睛要紧盯球，脚要快速移动去击打来球并快速回位；保持低重心、抬头，平衡要好；还要注意控制好拍头的后引、前挥和击球。

三、常见错误动作

（1）眼睛不盯球。

（2）准备动作慢。重心偏高，屈膝准备不够，准备意识不够强。使身体重心在移动前多了启动的时间。要加强准备动作的意识，认识到其重要性，每次击球前保持屈膝收腹含胸的自然姿势，对方击球的一瞬间作原地的分腿跳，利用地面的反弹力迅速移动。

（3）引拍动作慢。球在落地前过多的注意力集中在对球的判断，没有在判断球的同时完成引拍和移动的动作。要注意强调引拍、移动、判断同时进行，在球落地前完成引拍动作。

（4）击球时勾手腕。向后引拍时，后摆动作过大，并且肘关节未弯曲，而是直臂引拍。击球时手腕在前，导致挥送出的球不走直线，偏离了预想的轨迹。

（6）击球时身体重心高。依赖手臂击球，忽视了整体完成动作的要求。注意加强腿部发力的意识，体会蹬地发力的感觉，可以借助跑实心球的练习体会这种感觉。

（7）击球点位置靠后，影响击球效果。往往击球前的准备不充分，对球提前预判不够，使击球时机滞后，造成击球点在身体内侧。注意提高自身的节奏感和预判能力，加强准备工作，开始可以强制自己抢前点击球，逐步调整时机，寻找击球感觉。

（8）随挥动作不完整。初学者在打球时怕把球打飞，就用减小动作幅度来控制力量，使动作拘谨，发力不完整，影响击球效果。

（9）击球后回位不及时。初学者很在意某一个球的击打效果，忽视了击球的连贯性和节奏感，使第二次击球质量下降。

四、正手击球练习方法

（一）正手颠球

正手颠球动作主要的实战应用是为了向前冲去救小球，因此，需要在做此项练习的时候给学员放一些小球去追，以此来引导学员在身前伸拍子，向前冲，将拍面打开，同时要准备好颠球。

在追小球的时候，大部分学员是将拍子放在身后，只有在学员到达相应的位置后才挥拍，这样是错误的。

（二）正手推挡

逐步后退到小场对打。在五步骤熟练的基础上逐步送较长的球，一米一米推进，直到整个小场。

在这个步骤中，学员的拍面角度不需要教练的引导就会自己进行调整，简易教法的科学基础就建立在人类本能的趋调整击球动作之上。将球送到球员左右前后不同的位置练习正反手击球，对错误进行改正。

在球员的基本动作熟练、合理后，可以让球员打一场 11 分的小场比赛，只能打落地球，不能截击，为了增加比赛的趣味性，可以设置一些取得 1 分的奖品。

对于大多数的人来说，一场比赛下来，动作已经非常好了，对少数没有对击球熟练掌握的，可以增加游戏的回合数，基本上达到 50 回合时候，动作就已经很熟练了。这主要为了激活球员的正反手推挡感觉而进行的训练，是在本能中完成的，并不需要进行刻意的讲解。

正手的推挡动作在实际的赛场中主要是用来接发球和接高速来球。学员在正手推挡感觉得到激活以后就不需要进行经常性的训练，教练只需要在接发球训练中引导一下学生即可。

（三）正手击球步法

在网球比赛中，有着各种各样的来球，只要是可以快速移动到位的步法就是好的步法。一般来说，可以进行自主选择的步法出现在时间允许的防守性过渡击球、进攻性抽击球中；被动救球的步法是不可以自己决定的，主要是由来球决定的。

正手击球主要有开放式、封闭式、中间式三种常用的步法，学员可以在同一节课中进行掌握。要想打好网球，合理的站位是基础，在网球中漂亮的姿势需要有重心转移动作，学员可以对正手击球的这三种常用步法进行经常性的练习。

1. 开放式

开放式指的是双脚的连线要与球网平行，主要适合横向移动，在击球之前，重心在右脚内侧，在击球之后，重心转移到左脚，此时右脚尖拖地，右脚跟离地。

2. 封闭式

封闭式主要适合横向移动，在跑动的时候击球，在击球的时候，左脚作为轴心，左脚跨到右边要着地，右脚需要随着惯性转半圈，最后保持与左脚的并立，双脚是击球后的重心。

3. 中间式

中间式主要指的是前后脚站位，这个站位非常适合向前的纵向移动，在击球之前，身体的重心在左脚；在击球的时候，右脚蹬起，同时夸张地向前迈步，右脚尖接触地面；在击球后，右脚复位与左脚并列，复原准备的状况。

在比赛中，正手抽击是使用较为频繁的姿势，纵观网球明星的正手击球，不仅姿态万千，而且赏心悦目。球员需要学会基础的平击、上旋、基本步法，在不断练习中融会贯通，从而在赛场上练就舒展的正手击球姿势。在网球训练中，正反手抽击和发球是练习的重点，也是训练中重要的要素之一。

（四）正手平击法

正手平击法中的一种是流传已久的中间式站位，是一个很容易掌握的动作，主要是从后向前进行直线挥拍。

正手平击法中的另一种是较为新的开放式站位，球员需要一百八十度转腰进行旋转挥拍，这是一个较难的动作，需要技巧的引导才能激活。教练在进行引导的时候要让学员的手尽量保持不动，因为要是手的动作多了，腰就不会动了。在练习的时候可以让学员放缓节奏，与太极拳的转腰类似。在击球的时候两个手需要一起转动，在结束击球之后要保持两个手的原状，即右肩膀对着球网，右脚跟保持离地的状态，脸面向球网。

对于击球来说，转腰作用力下的击球是水平运动的，所以很容易出现下网的情况，因此，要想击球完美，就需要叠加双腿蹲下蹬起，加上拍子从下向上的作用力，这样才能呈现出击球的理想抛物线。

除此之外，还有一种是跑动中封闭式站位，这种不常用，主要将左脚作为轴心，以此来转动身体进行击球。学习这三种站位的方式时，要使学员在一节课内分别激活感觉，之后的训练以开放式转腰为主，其他为辅。

第三节　反手击球

反手击球是网球运动中与正手击球同样重要的基本技术动作，在比赛中，利用率最高的除了正手击球就是反手击球了。它是指在握拍手异侧击打落地球的方法。

一、双手反手击球

（一）双手反手击球动作要领

双手反手击球的动作要领（如图 3-3-1 所示）。

图 3-3-1 双手反手击球动作要领示意图

球员需要面对球网，将双脚自然分开，保持与肩同宽，腰部要微微向前，双膝微微屈起，双肘弯曲，用没有握拍的手托住拍颈，下巴与拍头持平，身体前倾，使球拍舒适地向前伸，此时身体的重心在双脚前掌上。在预判到球朝着反拍方向过来的时候，左手应该帮助右手变为反拍握拍法。如果正拍使用的是西方式握法或者东方式的正拍握法，那么在打反手的时候应该进行握拍的变换，变成相应的反拍握法。

左肩转髋以此来带动右手向左后方摆动，左脚要与底线平行，向左转九十度，右脚向左前方迈步，右边肩膀正对着球网，手腕要紧绷、向后伸，肩膀要夹紧。在后摆的时候保持肘关节的自然下垂和弯曲。正拍后摆动作比反拍的后摆动作完成的要晚。单手反拍的时候，可以用左手轻轻托住拍颈，为了保持动作的协调可以伴随着向左转的动作；如果是两个手反拍挥臂，则需要更多的转体，右肩转到对着左侧网柱的位置。

从后摆向前进行挥动的时候，需要紧紧地握住球拍，将手腕进行固定，同时右脚需要与球网保持 45° 角，为了挥拍击球，可以转到躯干、双肩、臀部。反拍的击球点位于球员的左前方，在击球的时候要使右脚与球拍在一条直线上。在击球的时候肘部应该伸直，手保持与球拍的持平，双眼要紧紧地盯住球，在这个过程中，身体重心从后脚转移到前脚。就拍头轨迹来说，反拍上旋球的轨迹是自下而上的轨迹。

在球拍接触到球以后，要使球与拍面的接触时间尽可能长一点，将球沿着球的飞行方向挥拍送出，重心在前脚，身体也要随着转动，转向球网，在右肩上方结束挥拍，拍头的方向指向上方，随挥动作的完成对球的方向和控制落点有帮助。

相对于后摆动作来说，随挥动作充分而且幅度大，可以保证击球动作的稳定性和完整性。在随挥动作结束之后，身体姿势需要迅速恢复到开始的准备姿势，迎接下一次的击球。

（二）注意事项

成人初学者和年轻球员多使用双手反手击球法，因为用双手挥拍时更容易发力，挥拍击球时拍面更稳定。底线远球或前场低球等不能用双手反手回球，而要用其他击球法。

（三）常见错误动作

（1）眼睛不盯球。

（2）侧身幅度不够：击球前准备不充分，来不及侧身。忽视身体发力的作用，只动手臂而不转体。可利用实心球体会转体发力的感觉，认识到不转体就没有办法用身体发力。提示每次击球时眼睛要从肩上看到球。

（3）击球时重心靠后：击球点靠后，过多依赖上体发力。应尝试在击球后只用前脚站立，另一只脚离开地面。

（4）引拍动作过大影响击球时机：依赖手臂击球，手臂的摆动过大。过大的引拍会耽误更多的时间，往往使击球时机滞后，出现很多连带副作用。

（5）双手用力不协调：手腕发力，使左手比右手动作快，打完球时左手压在右手上。

（6）击球时位置不准备：没有调整好，过早或过晚击球会使击出的球偏离预想的轨迹。

二、单手反手击球

（一）单手反手击球动作要领

单手反手击球的动作要领（如图 3-3-2 所示）。

图 3-3-2　单手反手击球动作要领示意图

在打单手反手击球的时候，身体要面向球网，双脚保持与肩同宽，自然分开，腰部微微向前，双膝微微弯曲，使用非握拍的手轻轻托住拍颈，让下巴与拍头持平，球拍向前伸展，双肘弯曲，身体的重心在两只脚的前脚掌上。当自己预判到对方的球会朝着自己的反拍方向飞来的时候，正在轻轻握住拍颈的左手应该帮助右手转体，左手扶着拍颈帮助向后拉拍，以保持球拍的稳定性，拍头略向后上方托起，开放式站位的重心在左脚，半开放半关闭式的站位重心略靠前。眼睛要通过肩的上方看到球，降低重心。

重心前移，拍头由后上方自然下落，借助惯性向前上方逐渐加速形成鞭打的效果，拍面保持稳定与地面垂直，球拍应从球的后下方向前上方打出，击球点要在身体前面一些并且离身体要有一定的距离，便于充分地挥拍。击球时右手向前挥拍，左手向后拉开，做类似扩胸的运动。

随挥动作自然放松，尽量长地向前随挥，以此获得更好的控球感觉。身体保持平衡，为下一个动作做好准备。

（二）注意事项

只要在后摆挥拍时转身，并将球拍置于低位，就能打好反手单手球。切记拍头必须低于击球点。与其他打法相比，底线回球时该打法的准备时间较长，但在将球拍置于低位时，则时间较短。由于使用单手，后摆挥拍和迅速前拉比较困难，此时，可将非握拍手置于拍颈处辅助稳住球拍。

（三）常见错误动作

（1）眼睛不盯球。

（2）引拍时机晚，无法完成转体引拍，靠手臂向后甩球拍。可加强准备及对球的预判，重视左手在击球中的作用。

（3）准备不够充分，击球节奏偏慢，击球挥拍不够主动。可加强准备及对球的预判，站在球网前模拟打球的动作击打球网，感受正确的击球点。

（4）击球时拍面不稳定，用手腕或小臂击球，使拍面产生晃动。可以在球拍上套一个塑料袋做挥拍练习，在抗阻力的情况下感受用力的感觉以及拍面的稳定性。

（5）左肩随着右肩向前转动，重心不稳，身体转动的中轴不在一条线上。击球时右手向前的同时左手尽量向后拉开，将胸部展开，使躯干保持平稳和相对的固定。

三、反手切削球

（一）反手切削球击球动作要领

当进行反手切削球击球动作的时候，身体要面向球网，双脚保持与肩同宽，自然分开，腰部微微向前，双膝微微弯曲，使用非握拍的手轻轻托住拍颈，让下巴与拍头持平，球拍向前伸展，双肘弯曲，身体的重心在两只脚的前脚掌上。

变换握拍至东方式反手或大陆式，转肩转髋，双脚移动，采取关闭式或半开放半关闭式站位，左手托住拍颈将拍头停在身体的后上方，拍头要略高于击球点且拍面呈开放状态。重心略前倾压在前脚上。

右手自后上方向前下方用力，左手向后拉开，使身体获得良好的平衡。球拍保持一定的倾斜击打到球体的后下部，随着向前的随挥，拍面摩擦至球体的底部，尽量延长球拍与球接触的时间。重心前移，保持稳固而有力的手腕。

朝着击球的方向尽量前送，直到身体完全展开。球拍结束时拍面基本与地面平行，球拍顶端指向场地的左侧，不要超过左侧的单打支柱。否则击球的稳定性会受到影响。

（二）注意事项

多练习反手切削球，找到正确的击球感觉。容易出现的问题是击球点过高，此时，只需调整握拍方法，使拍面在接触球的瞬间与地面垂直，直到挥拍的前半部分完成才能松开握在拍颈处的另一只手。

（三）常见错误动作

（1）眼睛不盯球。

（2）击球前没有侧身，用不到转腰的力量，只用手臂的力量击打球。

（3）侧身不够，准备不充分，来不及完成动作，开放式的站位加大侧身的难度，使击球的稳定性和力量下降。

（4）摩擦过多，球拍的开放程度太大，击球的部位太靠下，直接击打球体的底部。应减少削球的意识，加强推送的动作。在球拍上套一塑料袋做切削的动作，要有一定阻力的感觉，体会拍面的正确角度。

（5）错误地使用手腕发力，使击球无力，稳定性下降。

（6）击球时机晚，击球时重心偏后，在前脚后侧击球，使击球无力。应积极准备，击球前右肩略低于左肩，迎前击球。

（7）击球时身体重心太高，膝关节没有弯曲，击出的球稳定性不高。

（8）击球前的准备动作偏晚，导致后引过小，击出的球无力且稳定性差。

四、练习方法

（一）双手反手击球技术的练习方法

1. 徒手模仿正确动作，进行挥空拍练习

在心中默念和回忆双手反手击球的正确动作要领，按照动作的规定要求，一边在心里默念一遍做动作，在做击球动作的时候要想象有球。在练习的时候要保证是正确的位置和有准确的击球点。为了使动作掌握得更加熟练，可以由慢到快地进行反复的练习，做徒手挥拍的动作练习，直到动作定型。

2. 对着镜子来做空挥拍动作

站在镜子面前，球员做双手反手击球的挥空拍动作，通过镜子来对自己后摆

时击球点位置、球拍的最远位置、随挥动作完成的位置进行明确。利用镜面进行重复的挥拍击球动作，使自己在脑海中对正确的击球动作有一个非常清晰和明确的概念。

3. 对墙练习，把墙作为陪打者

可以在距离墙大约九米的地方进行练习双手反手击球，在对墙练习的时候使用的击球力度不能太大，否则很容易在没有做好击球动作之前就面对来球进行匆忙的击球，使击球动作不规范。进行对墙练习，主要是为了对动作的要领进行掌握，经过长时间的练习使击球的动作早日定型，与此同时，在进行对墙练习时也需要对击球的节奏进行掌握，不断增加正确的、准确的击球次数，如果节奏被打乱，就需要停止练习，重新开始进行下一次的练习。

对墙练习可以一个人进行练习，也可以两个人一起进行练习，也就是两个人打一个球，在练习的时候可以采用网球比赛时候的节奏，在击球之后也应该像正在比赛一样进行移动和变换。

4. 与同伴在场地上配合练习

第一，一抛一击练习。让同伴在自己左前方三米左右的位置，使用带有橡皮筋的练习球进行练习，从一次次抛单球过渡到抛多球。在练习的时候，在同伴抛球之前要用双手紧紧抓住拍子，侧身引拍，为击球做好准备，在来球落地弹起的时候，用双手进行击球将球打出去，在这个过程中可以体验到双手握拍进行前摆击球的感觉。作为同伴，在抛球的时候，应该掌握好球的落点和抛球的力度，若抛出的球质量不好的话，练习者即使做了击球动作也是没有意义的，两人可以着手准备下一次的击球。

第二，固定位置对击练习。两个人一组，在球场的左对角站位，以此进行反手的斜线球练习；两个人一组，在球场站直线，以此练习双手反手击直线球；两个人一组，其中一个人在球场的左边固定站位，进行双手反手对不断变化的直线和斜线球的练习，另一个人站在对方半场不固定站位，对来球进行回击。练习者双方应该在练习中注意击球的力量和掌握击球的落点，尽可能进行多次的练习，只有这样才能提高双手反击击球的稳定性和熟练度，使双手反手击球的动作要领得到整体的掌握。

（二）反手削球的练习方法

（1）教练要在网前站立，学生在网后三厘米左右位置站立，教练用手抛球给学生，学生轻轻进行反手截击，以此进行反复的练习。

（2）学生站在发球线的后边，将教练用球拍送出的落地球进行反手削击，反复练习。

（3）学生站在底线后边，将教练用球拍击出的落地球反手削击，不断练习。

（4）自己对着墙反复进行反手削球练习，要由轻到重、由远到近不断练习。

（5）两个人一组，站在场地的对角线处，由近及远进行连续的反手削球练习。

第四节　发球

在网球的基本技术中，发球算是一种较难掌握的技术。在发球的时候，球员需要调动起身体的很多个部位，因动作幅度较大，需要球员具有较高程度的肌肉协调度。

一、握拍方法

由于每个人有着不同的身体结构和不同的发球方式，因此在握拍的方法上也有所不同，但有一点是相同的，那就是握拍时手腕僵硬是没有办法发出好球的。一般来说，提倡使用大陆式握拍。而用东方式正手握拍进行发球是很多的网球初学者都非常喜欢使用的握拍方法。东方式反手握拍可以保证发球的稳定性，并且可以加大发球的侧旋、上旋，减少发球的失误。

二、发球动作要领

发球时动作要领（如图 3-4-1 所示）。

图 3-4-1　发球动作要领示意图

保持全身的放松，在端线外中场标记近旁（单打）侧身站立，面向右边的网柱，左边肩膀对着左边的网柱，两只脚分开，保持与肩同宽，右脚需要与端线保持平衡，身体的重心在左脚，左脚需要与端线保持 45°角，左手拿球，在腰部轻轻地托住球拍，将拍头指向前面，保持呼吸均匀，注意力要集中。

抛球手由下而上送出，在动作的最高点将球抛出，同时持拍手由前向后慢慢展开，注意动作节奏尽量平缓且放松。

膝关节开始弯曲，抛球手完全伸直在头部一侧。挥拍的手臂在肘关节处弯曲，并将球拍置于脑后位置。同时弓背、蜷曲身体并尽量转肩，这样在挥拍时便有了最大的空间。

抛出的球到达最高点后，随着球开始下落蹬地伸展身体，持球侧肩膀下垂，向上迅速挥拍击球，左脚向上蹬。将身体和手臂伸展开，在向前击球的时候，肩膀和手臂回转，保持双肩与球网的平行。在挥拍击球的时候，要使持拍的那只手腕带动小臂形成一个旋内的"鞭打"动作。

在球发出之后，身体呈现向场内的倾斜，可以保持向前上方伸展的完整连续随挥动作。在球拍挥到身体左边的时候，此时的重心在前方，就可以使动作自然跟进，身体维持平衡。

三、发球的种类

发球基本上有三种：一是平击发球，二是切削发球，三是旋转发球。这三种发球都有自身独特的特点和用途，一个好的发球会造成很大的攻击性，并且每一次的发球都会在力量、速度、落点、旋转方面有所变化和不同（如图 3-4-2 所示）。

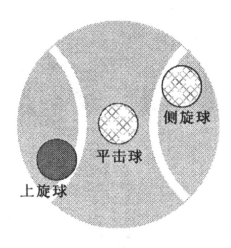

图 3-4-2 不同性能发球的击球点位置

（一）平击发球

平击发球主要的击球点位于身体的右前方，通过拍面中心平直对准球，主要击球的后中上方，在这个过程中，前臂的旋内"鞭打"以及手腕的向前抖甩是非常重要的一环，身体需要向前充分伸展，只有这样才能获得较高的击球点，保证较高的发球命中率。平击发球具有以下特点：一是球速最快，在发球中是球速最快的，也因此称为炮弹式发球；二是反弹低，身材高大的球员可以进行高点击球，借助身高优势化被动为主动。身材矮小的球员不适合使用平击发球，平击发球球速非常快、力量大、威胁大，但是命中率并不高。

（二）切削发球

在发球的时候要将球抛到身体的右侧斜上方的位置，从右侧中上方至左下方用球拍快速挥动，击球的时候拍击球的中部偏右侧，让球产生右侧旋转。切削发球的特点主要是一种右侧旋转的发球，换句话说是由球的右上往左下的切削击球。由于切削发球有着独特的弹跳方向和飞行轨迹，加上切削发球具有威力大、球速快、命中率较高的特点，因此成为世界上大多数网球运动员使用的发球方式。

（三）上旋发球

上旋发球的时候应该将球扔到头后偏左的位置，在球拍击球的时候，身体尽可能地向后仰变成弓形，通过杠杆的力量使球增加旋转。在击球的时候，用球拍从上向下，从左向右擦击球的背面，向右带出球，使之具有右侧上旋的特点。上旋发球的特点主要是以上旋为主，侧旋为辅。上旋发球中上旋的元素比切削发球要多，因此，会让球产生一个很明显的从上向下的弧度，爆发力越强，旋转的成分就会越多，所呈现的弧度也就越大，命中率也随之提高。上旋发球在落地之后会在对方的左侧弹起来，这就迫使对方离位接球，给对方施压，也为自己发球上网提供了充足的时间。

四、发球时容易产生的错误动作

（1）眼睛没有盯球。

（2）抛球不稳，抛球时身体前后左右晃动，重心不稳定。

（3）抛球后，右肩膀过早地转向前。

（4）抛球太过于靠前或抛球与引拍不协调，击球过早。

（5）击打球时，没有在前脚蹬地后的最高点触球，导致击球时手臂弯曲，发出的球没有威力。

（6）拍面下压过多，造成球不过网。

（7）击球时身体前倾不够，球拍拍面下压不够，抛球太过于靠后或击球太迟。

（8）击球时重心偏后，没有将整个身体的力量用到球上。

（9）击打球后，身体重心没有向着出球方向前送。

（10）缺少"鞭打"动作，随挥动作不放松，肩关节不灵活。

（11）在发球的时候为了争取主动进攻，想要发出具有杀伤力的球来压制对方，就会将重点放在发球的用力上，导致右臂的紧张和僵硬，增加失误的概率。

（12）会出现两次发球的力量相差很大，由于怕出现双误失去分数，因此，试图发"保险球"，这就造成了两次发球力量的相差较大，导致正常的击球动作结构被破坏，出现失误。

（13）击球时手腕不固定，没有控制好击球的拍面，造成击出的球偏离了预期的轨迹。

五、发球练习方法

（一）徒手挥拍模仿练习

练习目的：建立动作概念，了解动作过程。

练习方法：根据技术动作的要领，将动作分解为抛球、向后引拍、向上击球、随挥动作等环节，反复练习，熟悉动作过程和动作要领。徒手挥拍练习最好对着镜子做，可以看到自己的动作，练习的效果会更好。

练习要点：熟悉动作过程，掌握动作节奏，动作由慢到快。

（二）抛球练习

练习目的：能抛出稳定的球。

练习方法：双脚前后站立，侧身对墙壁或挡网，抛球手臂沿着墙壁或挡网由低向高抬起进行抛球练习，使抛出的球沿墙壁或挡网垂直上下。

练习要点：手臂伸直并保持平稳向上抬，想象自己的手掌像电梯一样将球托送到空中，将球放在指根部位，球出手时掌心向上顶。

（三）对墙发球练习

练习目的：提高发球的稳定性。

练习方法：在墙上画两条与网齐高的线，发球时瞄准墙上的线。开始可离墙近些，待动作熟练度、准确性提高后，逐步拉开与墙的距离。

练习要点：侧对墙站立，抛球与挥拍动作要协调，击球瞬间身体充分伸展，球拍面对准所要发球的方向。

（四）跪式发球

练习目的：让球员体会向上挥拍击球的感觉。

练习方法：球员站在发球线的后边，前面的腿弯曲膝关节，后边的腿屈膝跪地，将球拍放到肩膀上来发球。慢慢后退到底线，使用相同的动作进行发球练习，反复练习。

练习要点：击球时，球拍要做出向上挥摆的动作，身体不需要做出转体的动作，体会手臂由屈到伸击球的感觉。

（五）场上不同站位发球练习

练习目的：了解场上发球感觉，掌握场上发球基本技术。

练习方法：首先站在发球线后，球拍置于右肩上，将球发向对方球区；然后退至发球线与底线之间的区域，运用完整动作发球，体会球拍向前、向下击球的感觉；最后退至底线发球位置，体会向上、向前、向下挥拍的感觉。

练习要点：根据不同的距离，调整发球的力量及拍面下压的角度，控制好发球的力量。

（六）控制发球落点练习

练习目的：提高发球的变化能力。

练习方法：将标志放在发球区内角、外角、中间三个点位置，按照标志点进行发球，提高发球的变化能力。

练习要点：主要从转体的程度上进行调整发球的落点，外角发球转体的幅度相对大一些，并且还要注意拍面的控制。应尽量做到在相同的站位发出不同落点的球，采用不同形式的发球发出相同落点的球。

第五节　接发球

接发球技术主要指的是对对方发球进行还击的技术。比赛的得分情况会受到球员接发球技术水平的高低影响，并且还会影响比赛的进程与持续性。因而，在网球运动中，接发球技术是一项非常重要的基本技术。对方发球后，必须在很短的时间内做出反应，提早做出预判和积极做好回击动作。接一发时，如果对方球速较快，应尽可能将球打回对方场地，减少失误，接二发时，应抓住机会展开主动进攻。

一、接发球基本技术

（一）握拍法

球员在握拍、引拍和随挥的时候不要过于紧张，要使身体处于一个尽可能松弛的状态，但是在球拍接触到球的时候必须要紧紧地抓住球拍，尤其需要拇指、食指、无名指用力，手腕要稳住保持固定，保持拍面的稳定性，要保证即使没有办法对对手的来球进行猛烈的还击也要通过稳定的拍面来阻挡住来球，寻求合适的角度进行还击。

（二）站位与准备姿势

接发球的准备姿势是球员两脚保持自然站立，两膝微微弯曲，身体上身微微前倾，肘部弯曲，双手握拍，放在腹前，拍头向上翘起，身体重心放在两脚前脚掌上。从对方抛球开始，眼睛要盯住球，在对方击球瞬间，双脚稍微跳离地面，积极做出击球准备。

（三）击球

判断来球，迅速移动，向预测击球点起动时，双肩与身体重心同时移动，并向击球方向踏出一侧步，转肩时要使肘部离开身体。向前挥击时尽量使拍子运行轨迹由高处向下再向上，但上下幅度要小。击球时动作与正常击球基本相同，只是没有明显的后引，特别是对快速来球，回球多数采用阻挡式动作或类似截击动作，不做过大引拍和随挥动作。

对于大多数网球爱好者来说，对方的发球并不会像职业比赛中那样难以应对。在准备接发球时，首先确定自己是想要进攻还是防守，然后根据正拍球和反拍球的不同，分别选择回发球的线路。

二、注意事项

（1）接发球时对方发球瞬间双脚要有一个跳步，便于快速启动。

（2）注意力集中，观察发球方动作，提早预判，准备动作充分。

（3）对方发球力量越大，引拍和前挥动作越小，可采用推挡回击，控制拍面的方向。

三、常见错误与纠正方法

（1）发球速度太快，导致接发球失误过多

原因：发球速度相对于底线技术力量速度较快，接发球引拍过大，导致击球点过后造成失误。

纠正方法：一是减小后引拍的幅度；二是手腕固定，借力控制好拍面方向，将球挡出。

（2）接发球站位过于靠后

原因：担心反应时间不够充分，不自信，故站位靠后。

纠正方法：一是注意力高度集中，提高预判能力；二是主动迎前击球。

（3）发球速度较快，反弹较高，导致接发球难度增大

原因：上旋发球落地后向上前冲力较大，接发球击球点过高，造成接发球困难。

纠正方法：鼓励球员向后一步或两步后接发球，这样会有更多的时间判断场上情况，并做出反应，完成动作。

（4）接大角度发球步法移动不到位

原因：击球前的垫步没有做，造成启动慢、步法的调整不到位。

纠正方法：一是观察发球方抛球的位置及习惯动作，提高预判能力；二是发球方击球时，接发球方要做出相应的垫步，并加强步法练习。

四、接发球练习方法

（一）接近网发球练习（球速较慢）

练习目的：体会简短引拍技术动作，提高不同落点的回球能力。

练习方法：发球者在发球线与单打边线交界处中等力量发球，可有针对性地发内角、中路和外角球，接发球队员在判断对方发球后，迅速做出反应，主动迎前，以小幅度的后引拍动作将发球回击过去。可利用固定回击路线，如直线、小斜线和中路等。

练习要点：当发球者向上抛球时，要向前跨一步，随之做分腿跳步动作，使身体重心落在前脚掌，以便于起动和主动回球。

（二）接底线发球练习

练习目的：形成基本接发球意识，体会完整接发球技术的运用，减少失误。

练习方法：基本同上一练习，只是发球者要站在底线发球区内。

练习要点：当来球较快时，主要以挡击的方式回球，但必须有一定的向前推送动作。

（三）接二发练习

练习目的：抓住对方二发机会，争取主动或直接得分。

练习方法：发球者用二发方法发球，接发球者当来球较慢时，应抓住机会打出直线或斜线的变化。

练习要点：接二发时要有迎前动作，可以做一个充分的引拍和转体动作，将球有力地击到想要打到的区域。

（四）接近网发球练习（快速球）

练习目的：提高接发球的反应能力。

练习方法：发球者在发球线与单打边线交界处，用较大的力量发球，可有针对性地发内角、中路和外角球，接发球队员在判断对方发球后，迅速做出反应，主动迎前，以小幅度的后引拍动作将发球回击过去。

练习要点：快速起动，球拍对着对方场地，主要以挡击完成。

第六节　截击球

截击球是网前技术中的一种攻击性击球方法，即在球落地之前，将球击回到对方半场区，这种击球回球速度快、力量重、威胁大。截击动作必须正确才有威力。打截击球也分正手和反手，二者除了身体的方向不同之外，其他是基本相同的。相比较而言，反手截击的难度较大。常见截击球技术有正手截击球、反手截击球、高球截击、低球截击和中场截击等。

一、握拍法

打截击球最好是采用大陆式握拍，但对初学者和腕力不足的女性来说，使用西方式握拍法较为合适。到了中级水平，可以使用东方式握拍法。而大多数水平高的人则使用大陆式握拍法，这样不论是打正手还是反手都不用更换握拍法。

二、截击球击球动作要领

正手截击球击球动作要领（如图 3-6-1 所示）。

图 3-6-1 正手截击球击球动作要领示意图

准备姿势与一般击球大体相同，距球网 2～3 米，在对手击球前保持静止，精神集中。

截击球的后摆动作不应过大，击球点应保持在身体前方 30～60 厘米，要向前迎击来球，注意拍头不要下垂，要保持拍头高于手腕，击球时手腕固定，拍子应紧握，击球时拍子不能移动。

后摆之后，正手击球要向右斜前方迈左脚，身体重心向前移，击球时手腕固定，拍面与地面保持垂直。

反手击球则向左前方迈右脚。反手击球时，击球点比正手要更靠前。

三、截击球注意事项

高于网的球，截击时平击的成分可多一些，打出具有进攻性的力量较大的深球或斜线球。低于网的球，必须充分下蹲，保持拍头仍然要高于或平行于手腕，以利于身体重心的稳定。截击球的中下部，成为切削下旋，这种低于网的截击球，不宜打得力量太大，应以推深落点为目的。如果对方来球力量太重，自己就不应再主动发力，只要握紧球拍打准落点即可。截击球除要求打深落点和打斜角度以外，也可以用截击打法回出短球。这项技术需要较好的手上感觉和良好的控制能力。

上网截击要十分警惕对方的破网和挑高球，因此站位的选择是很重要的。一般要站位于对方破网的直线和斜线之间所形成夹角的平分线上，并多注意保护直线空当。

四、截击的几种使用方法

（一）中场截击

中场截击在网球训练及比赛中，通常被称为一拦，即第一次拦击。在实战中，发球上网或随球上网不可能直接冲至近网，上网途中在发球线附近有一短暂的停顿和重心转换，然后迎球做中场截击。中场截击球质量的好坏，直接影响网前能否得分，所以中场截击球在网前截击球技术中起着很重要的作用，中场截击一般站位于发球线中点附近。对不同高度的来球，应及时转体和引拍，调整好拍面的角度。当来球速度较慢，可加大引拍幅度和击球力量，提高回球质量。中场截击应把球击深或打出角度，使对手难以回球或触不到球。击球后应向网前迈进，准备近网截击或高压球。

（二）近网截击

近网截击的站位比中场截击要靠前，位于发球线前 1~1.5 米距离，它是网前得分的主要手段。近网截击的果断和落点的准确，能给对方以致命的打击。判断清楚对方来球的速度、高度及球的角度后，要迅速启动调整位置，控制拍面。如来球快而平，拍面应稍开，击球中下部，手腕紧固，以短促的动作向前向下顶撞来球。如来球快而高，拍头应竖起，拍面几乎和地面垂直，向前下击球中部。

（三）低位截击

当来球较低时，只能采用低位截击技术，低位截击比高位截击难度高。由于来球大多低于击球者眼睛，这就给击球的判断造成困难，因此，低位截击动作要领是首先要降低身体重心，屈膝至适宜高度，而不是直腿弯腰，移动时如采用弓步，后膝盖几乎触及地面。击球时，拍头低于手腕，拍面开放，在身体前面击球，击球点在球的后下部，击球后向着击球方向随挥。

（四）高位截击

当来球较高，但又不够高压球的高度时，往往以高位截击技术来完成击球。动作要领是快速转体和向后上引拍，手腕上翘使拍头竖起朝上，手臂和球拍呈"V"字形。挥拍击球时，球拍对准来球做高位切削动作，击球点为球的后中部，击球时身体重心积极跟上，并伴着身体重心的前移，完成短促的击球和随挥动作。高位截击看似简单，但很多人在打高位截击球时仍会打出界或不过网，前者原因多出在引拍过大，击球点过晚，后者主要是由截击过早，拍面关闭过多造成的。

（五）近身截击

近身截击是指当球朝着自己身体快速飞来时所采用的截击技术，这也是网球比赛中被经常使用的技术。近身截击动作要领是，当来球朝着身体飞来时，快速把球拍挡在身体前面，在多数情况下，使反拍面朝前，手臂几乎伸直。击球时手腕绷紧，拍面在身体前方挡击来球。近身截击多数受动作限制无法发力，多以防御为主，但可以通过手腕及拍面的变化来控制球的落点。

（六）反弹后截击

当来到网前时，很难进行直接的截击，这时不得不让球落地，在球向上反弹时进行截击。截击时要调整好脚步，及时做好转体引拍动作，拍面对着击球方向。击球通常是深球或网前小球，深球要多往前送，放小球要放松手腕让球轻轻离开拍子。这两种球，都要尽量用很低的弧线使球过网。

（七）抽球截击

抽球截击是落地球和截击技术的结合，通常用正手，这是一种极具攻击性的截击，而且常带上旋，这种球通常在中场回击与肩同高的慢速球中使用。球员应使用与击落地球同样的握拍法，要有完整的引拍动作。

五、常见错误动作

（1）眼睛不盯球。

（2）击球点位置偏后，向后引拍幅度过大，准备不足。

（3）击球时身体的重心偏后，用手臂控制球。

（4）准备击球时站位太死，移动不灵活，起动慢，截击不能及时刹住。

（5）击球后，没有转肩，动作脱节。

（6）身体重心高，屈膝不充分，膝、踝关节紧张。

（7）靠小臂来带动上臂，手腕松软，没有用转肩的力量。

六、截击球练习方法

（一）短握拍截击练习

练习目的：熟悉截击方法，体会击球感觉。

练习方法：两人分别站在球网两边，距网 2～3 米，练习者右手握住拍颈，上前挡击同伴抛向左侧或右侧的球。

练习要点：以完整动作完成，眼睛和拍头齐高，并盯球，体会截击感觉。

（二）对墙凌空托传球练习

练习目的：体会截击感觉，学习如何控制截击球的力量。

练习方法：面对墙壁 4～5 米站立，用球拍颠球 5 次，然后正（反）手将球推送上墙，反弹后再用球拍接住，继续颠球 5 次。连续 10 个回合后，改颠球 4 次，连续 10 个回合，改颠球 3 次，以此类推，直到直接与墙进行正（反）手截击练习。

练习要点：脚步积极移动，击球时手腕要固定，拍面对着墙壁。

（三）正常握拍截击练习

练习目的：掌握截击方法，体会完整截击动作。

练习方法：两人分别站在球网两边，距网 2～3 米，练习者右手大陆式握住拍柄，上前挡击同伴抛向其左侧或右侧的球。

练习要点：眼睛和拍头齐高，并盯球，上步截击。

（四）想象截击球练习

练习目的：用想象练习提高击球力量。

练习方法：在截击球时，想象球拍面的中心区有一枚大头针，击球时要有把大头针刺进球里面的感觉，如此可以保证击球时身体重心的转移、手腕的固定及力量的体现。

练习要点：击球时身体重心要及时跟上，前点击球。

第七节　高压球

一、高压球击球动作要领

握拍：高压球的动作与发球动作相似，握拍也与发球的握拍动作相同，大多采用大陆式握拍法或东方式反手握拍法。

准备姿势：打高压球的准备姿势与一般情况基本相同。但是在网前准备姿势中，既要准备打截击球，又要准备快速后退打对方挑高球。一旦对方挑高球，应侧身转体并用短促的侧滑步、垫步或交叉步快速后退，眼睛始终注视来球。

后摆球拍：在脚步开始调整、身体位置相应变化的同时转体、侧身迅速抬起右手，肘部抬起约与肩高，拍头向上。

二、高压球的种类

高压球分为近网高压、后场高压、落地高压和反手高压。

（一）近网高压

对方挑高球落点位于发球线之前，就可迎上去大力扣杀直接置对方于死地，此时的击球点可偏前，以便击球时向下扣杀。

（二）后场高压

对方挑高球落点位于发球线以后，此时要大胆果断，就像打正常的高压球一样，击球点可偏后，步法及时移动到位，迅速跳起给予猛击，击球后的跟进动作要长，向前、向下扣杀。

（三）落地高压

当对方挑出直上直下的高球时，可等球落地弹起后再打。这可增加打高压球的把握和信心。一般这种高球落地后跳弧线是直线向上的，所以步法移动要迅速，退至球的后面，调整好击球点的位置，然后向前还击球，像发球一样向下击球，落点对准发球线与底线之间，这样能提高击球的成功率。

（四）反手高压

当对方挑高球至左侧场边线，需被迫使用反手高压球时，应及时向左侧身，提肩抬肘，拍子低于手腕与肘关节，击球点在左上侧，击球时前臂和手腕迅速向上挥起，手腕紧固，集中精神和力量打落点和准确率。

三、常见错误动作

（1）击球点不准确，因而击偏和造成漏球。

练习方法：首先自己挑高球进行高压球练习，准确掌握好击球点；然后由同伴在对方场地抛定位高球，进行高压球练习，以使自己对来球方位进行准确的判断，并掌握准确的击球技术，不使球击偏、击漏。

（2）移动步法不灵活、不及时，取位不当，造成击球无力，如同是推挡来球。

练习方法：可由同伴在对方场地有意识抛不定位高球，使击球者采用合理步法，及时移动、取位来练习高压球；当球在空中时，击球者采用左手（非持拍手）向前上方指着来球，侧身对着球网，这将有助于使球保持在体前位置，解决侧身不够的错误动作。

（3）击球时没有抬起下颚，两眼注视球不够，对来球的落点判断不准，造成击球时挥臂不及时和没有在最高点击球。

联系方法：在准备击球时，眼睛注视来球，当球在高空时，要保持抬起下颚的动作，眼睛始终注视球的飞行轨迹，对球的落点做出准确的判断，以便保持正确的击球位置和拍面击准球的部位。

四、高压球练习方法

（一）手臂"鞭打"动作

练习目的：体会高压球的手臂动作方法。

练习方法：抬高肘关节，向前、向上、向远处抛球或手持毛巾等软状物体，连续做向前、向上"鞭打"的动作。

练习要点：动作放松，大关节带动小关节，大肌肉带动小肌肉，动作协调。

（二）持拍做高压球动作的模仿练习

练习目的：体会握拍时手臂"鞭打"动作及判断高压球的击球点。

练习方法：在击球点位置放一个标志物（树叶或悬挂物等），提高模仿练习的实效性。

练习要点：手臂放松，特别是手腕放松，要有明显的肘关节的制动及扣腕动作。

（三）移动接球练习

练习目的：提高移动判断击球点能力。

练习方法：教练在中场喂送高球，练习者站在对面场地中间，通过脚步移动，在身体前面最高点伸直右手接球。

练习要点：脚步不停移动，体会击球点位置。

（四）对墙高压球练习

练习目的：提高移动判断能力，体会击球动作过程。

练习方法：在距离练习墙6～7米处自行抛球，把球打在距墙大约1米的地上，球反弹后到空中，可连续击打高压球后的反弹球。

练习要点：脚步积极移动，注意侧身对球，控制击球力量，保持动作的连贯性。

第八节　挑高球

挑高球通常被用在防守中，把球挑过在网前的对手。虽然与一般的底线击球方法相似，但挑高球时拍面开放，后摆准备动作小，向前挥动时向上较多，向前较少。根据挑高球的性质，挑高球可分为防守性高球和进攻性高球。

一、防守性高球

防守性高球也称下旋高球，飞行弧线高，比上旋高球易控制，具有失误少的优点。在底线对打被对方调离场地时挑下旋高球，能赢得时间回到有利的位置。

如果能掌握下旋高球，同样能不给对方留有在网前扣杀的机会。

（一）握拍方法

正手和反手挑高球与地面击球一样，都需要用东方式握拍法。

（二）防守性高球击球动作要领

挑下旋高球与上旋高球一样，同样需要动作隐蔽，因此它的握拍、侧身转肩、向后引拍应尽量与底线正、反拍击下旋球动作一致。

击球时拍面朝上，触球点在球的中下部，由后下方向前上方平缓挥拍击球，似"舀送"动作的击球法。为了更好地控制球的高度和深度，尽量使球在球拍上停留的时间长一些，动作要柔和。

随挥动作与底线正、反拍击下旋球一样，跟进动作充分，结束动作比上旋高球结束动作要高，此时面对球网，重心稍靠后。

（三）防守性高球注意事项

（1）眼睛始终看着球。

（2）移动中引拍，边跑边向后拉拍。

（3）从球的下部着手，并加长击球时间，好像向上端送出。

（4）击球时手腕绷紧。

（5）跟着球送出的方向，向高处做随挥动作。

（6）击球后快速回到有利防守的位置。

二、进攻性高球

进攻性高球又叫上旋高球，对付威力强大的网前截击型对手，使用上旋高球是"致命的武器"之一，它能打乱对手的网前战术，这种球能径直飞过网前对手，迅速落在后场，使对方既够不到球又追不到球，即使勉强打到高压球，也是软弱无力，从而露出空当，给破网得分创造机会。

（一）进攻性高球击球动作要领

挑高球动作要尽可能和底线正、反拍上旋抽击球动作一样。完成引拍动作时，要使手腕保持后屈。

在挥拍击球时，拍面垂直，拍头低于手腕的位置，采用手腕与前臂的滚翻动作，由后下向前上挥拍，做弧线形鞭击球动作，使球拍在击球瞬间进行擦击，以产生强烈上旋，击球点在身体侧前方，重心落在后脚。

击球后，球拍必须朝着自己设想的出球方向充分跟进。

（二）进攻性高球注意事项

（1）眼睛自始至终看着球。

（2）准备动作与打落地球相同。

（3）紧握球拍，绷紧手腕。

（4）击打球的底部并送出球拍，加长击球时间。

（5）完成充分的随挥动作。

三、挑高球常见错误动作

（1）眼睛不盯球。

（2）击球时手腕不紧，击打不到甜点上。

（3）步法不到位，击球点不准确，挑不出高质量的球。先由快到慢，由原地到近距离，逐步增加难度，直到较远距离的跑动步法训练，从而保证准确的击球点，完成高质量的挑高球。

（4）引拍动作不够隐蔽，过早地暴露了挑高球的意图，这样即使挑高球的质量很好，但效果却不好，起不到变被动为主动，或直接得分的作用。

四、挑高球练习方法

（一）自我挑高球练习

练习目的：了解挑高球动作方法，体会上旋和下旋挑高球的不同。

练习方法：练习者站在底线附近向上轻抛球，待球反弹后运用正（反）手做挑高球练习。

练习要点：将球抛在体侧，蹬腿后全身协调用力，控制好拍面并要有随送动作。

（二）隔网挑高球练习

练习目的：掌握上旋和下旋挑高球动作方法。

练习方法：两人隔网站立，一人站在网前向站在底线的练习者送球，可利用多球进行专门的挑高球练习，送球速度由慢到快，也可进行先定点后跑动的不定点练习，提高练习难度。

练习要点：上旋挑高球时，由后下向前上的弧线形鞭击动作明显，使球产生强烈上旋；下旋挑高球时，为了更好地控制球的深度和高度，尽量使球在球拍上停留的时间长一些。

（三）隔网对抗挑高球练习

练习目的：提高临场挑高球能力。

练习方法：一人站在网前或场地中间进行高压击球，练习者在底线练习挑高球。

练习要点：练习者移动迅速，击球时拍面对着同伴，时间充分时主要以上旋挑高球回球，注意保持击球的连贯性。

第九节　放小球

放小球是为了战略的需要。掌握了放小球技术，可使自己打法多变，令对手捉摸不定。所以值得花时间去练习，以便使自己的网球技术多样化。

放小球看起来容易，实际上并不好打，这是一项要求打得稳、打得准的技术。击球时先给人以打一般落地球的印象，但到最后一瞬间减慢挥拍，轻柔地擦击球，使之过网后能在对方赶到之前就落下。短球放好了，常常可以直接得分；放不好，则会落入网下或者给对方提供良好的机会而回击得分。放小球得分的把握比较小，只有掌握了正确的基本技术，以及对自己控制球的能力有信心时，才可以尝试去放小球，它只能作为突然袭击的武器使用。

一、握拍方法

正手和反手放小球的握拍方法相同，要使击球具有隐蔽性，一般使用东方式握拍法或大陆式握拍法。

二、放小球击球动作要领

击球前的准备动作与正拍和反拍击底线球动作相同，球拍后引，侧身对网，拍头高于设想的击球点。

侧身还击来球，击球时拍面稍开，动作柔和，触球点在球的下部，使之产生下旋，并以适当的前推或上托动作把球击出，使球以适当的弧线落在对方球场近网处。

击球后身体重心向击球方向跟进，用自然协调的动作来完成随球动作。

三、放小球注意事项

如果知道对手不愿上网而要故意使对手上网，便可用挑高球的动作迷惑对手，但要注意的是引拍动作一定要隐蔽，给对手造成假象，再出其不意地放小球。

四、放小球练习方法

放小球要解决的主要问题是放球的距离问题，太深容易让对手有充分的时间做好击球的准备；太浅容易导致球直接下网，因此，必须熟练掌握下旋切球的技巧。

（一）对墙放小球练习

练习目的：体会放小球的动作方法。

练习方法：练习者站在距墙5～6米处，用球拍送球上墙后，等球落地一次或两次后再轻削送球上墙，可用正手或反手练习。

练习要点：能用切削推送并减速的方法完成放小球动作，保持连续进行。

（二）自我反弹放小球练习

练习目的：体会放小球动作方法与控球力量。

练习方法：练习者站在底线，自我抛球，待落地反弹后，用正手或反手下旋方式切球，送至对方网前。

练习要点：眼睛看球，击球时手腕由握紧到适度放松，轻巧地触球让球产生明显的下旋特征，使球刚好过网，并且反弹得很低。

（三）凌空放小球练习

练习目的：提高对球的判断和控球能力。

练习方法：练习者站在底线将球抛起，高于头顶约 0.5 米，用正手或反手切削球方式，凌空送球。

练习要点：不要让球落地，直接送球，如果一开始的感觉不准，不好控制球的话，也可以先让球落地，待球反弹后再切球，随后重新抛球，尝试凌空直接切到球。

（四）场地实战练习

练习目的：提高在移动中放小球的能力和临场应变能力。

练习方法：同伴站在底线向对面场地任一区域送球，练习者判断移动后，用削球动作放小球。

练习要点：要让球过网后落在距离球网 2～3 米，且落地后能产生向后反弹的效果较熟练后放小球，放小球动作要有一定的隐蔽性，不可过早暴露意图。

第十节　步法练习

随着网球技术水平的快速发展，步法在比赛中占据着重要的地位，步法可以很准确地对技术动作进行衔接，保证各项技术的顺利进行。在网球比赛中，网球的场地相对比较大，运动员需要前后左右的跑动，要想保证击球到位需要具有快速变向、急停、急起的能力，因此，网球是一项需要具备多方向移动能力的运动。网球球员必须具备快速、本能地朝各个方向移动的能力。为了能够在比赛时快速地改变方向，一旦学会了基本的移动模式，就应该强调单位时间内的步频和步数。有效的、快速的步法有助于提高击球间的还原速度。为了提高场上移动技能，不仅需要掌握单一的移动技能，而且必须掌握移动模式的组合。

一、基础步法

在网球的不同技术中，除了发球外，其余每项技术动作都有各自不同的移动特点，也包含有相同的移动步法，其中基础步法包括以下几种：

（一）垫步

此步法多运用于网前截击与接发球技术当中。

两脚左右开立，判断对方击球意图后，膝关节微屈，蹬地双脚稍微跳离地面，落地时两脚与肩同宽，重心放在两前脚掌脚跟提起，并保持肌肉放松便于启动。垫步能流畅地调整身体、快速向任何方向移动。

球员在每次击球前，尤其是在接发球以及在网前截击的时候应该采用的步法是分腿垫步法。开始的时候是准备状态，当对手开始挥拍的时候，要使膝盖弯曲，做一个高度不超过 5 厘米的跳跃，双脚前脚掌着地并且要使双脚间的距离比肩稍微宽点，这样会呈现出一个较为合适的站位，在面对对手的下一次击球的方向可以突然动起来。

（二）滑步

大部分的球员会在准备击球或者是在击球后回位距离较短的时候，会采用滑步（如图 3-10-1，图 3-10-2 所示）。滑步主要是球员面对球网，两脚平行站立，当向左移动时，左脚向左迈出一步，然后右脚蹬地迅速跟上做滑步动作，这时候，迅速做好击球状态。

图 3-10-1　左滑步示意图

图 3-10-2　右滑步示意图

（三）交叉步

交叉步（如图3-10-3，图3-10-4所示）较适用于处理距离远而需要做大幅度移动的球。

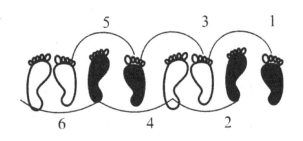

图 3-10-3　左交叉步示意图

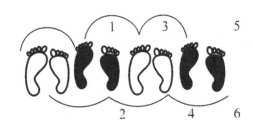

图 3-10-4　右交叉步示意图

侧身向击球方向移动，两脚呈交叉状向侧面跨步。向右侧移动时，先跨左脚在右脚前；向左侧移动时，先跨右脚在左脚前。在击球之后，要马上回到赛场的中央。

在为下次击球做准备的时候最好选择交叉步。在往赛场中央进行移动的时候，需要使肩膀尽量与球网保持平衡，重心在两腿中间，呈交叉状向侧面跨步移动。当球员要拍击离自己距离较远的球的时候就需要进行大幅度的移动，那么此时就需要先侧身，快速跑向球的方向。但是不能每次击球都这样，乱用步法会使自身的变向能力受限，还会出现失误。

（四）小碎步

在打落地球的时候，可以使用小碎步，让自己调整到击球的最佳位置。

当接近击球位置时放慢脚步，两脚做小幅度的调整，然后再跨步击球。如果球员与球的位置较近，那么就可以使用这种步法，在国际上，很多顶级的职业选手在挥拍击打落地球前，都会使用小碎步来调整到最理想的击球位置。对于大部分的业余选手来说，可以到达击球附近的位置就可以了，这样会出现以下弱点：击球的时候会弯腰，或者伸长胳膊去够球打球，或者做出一些非常规的动作。这些行为虽然可以使球过网，但是最后达到的效果并不理想。如果使用小碎步来进行击球位置的调整，可以提高球员的击球能力和水平。

二、底线击球站位

底线移动步法也多采用基本步法进行，为了在来球时找到最佳位置，就必须认真地选择适合自己的步法，以求在球场上合理地调配跑动范围，争取更多的主动。在步法的不断完善中，非常突出的变化就是球员站位角度的变化越来越大。这也从侧面证明了开放式步法越来越受欢迎了。尽管如此，这不意味着关闭式站位被淘汰，因为在打反拍球的时候还需要使用关闭式站位。

在开放式站位中，可以对跑动中的击球动作进行简化，这可以为下一次的击球争取到更多的时间，并且还有一个优势就是可以使自身打出的球有更多的上旋成分。下文对常出现在球场上并行之有效的步法和站位进行论述，以期学生能够在不断学习中提升自身的水平。

（一）关闭式站位

关闭式站位需要引导腿向相反的方向跨出进行击球。

在过去，关闭式站位一般用于击打多数球，一般来说，球员会在跑动的过程中完成挥拍。但是就当前而言，通常用来反手击球，尤其是适合单手反手的球员，因为这种身前的交叉步法中转动幅度较小，会限制球员回球的方式，这就造成了只能回底线球的状况。

为了顺利进入下一个击球的位置，球员在采用关闭式站位的时候需要调整前后腿的步法（如图 3-10-5，图 3-10-6 所示）。

图 3-10-5　正手击球关闭式站位步法

图 3-10-6　反手击球关闭式站位步法

（二）直角式站位

如果有时间完成击球的准备动作后可以迅速回到下一次击球的位置，那么就可以发挥最大限度的力量。

直角式站位这种动作称作"半开放式拉拍"。一般来说，球员的位置越靠近场地中央，使用直角拉拍的机会就越多。练习方法：在后腿的正前方放好球，前腿朝着球的方向迈出去，自然转动后退，引拍的动作要足够开放，使球员可以很容易完成转腰动作；与此同时，还能通过转移身体重心的方式来击球（如图3-10-7，图3-10-8所示），这个动作完美结合了身体重心转移的爆发力和腰部转动的爆发力。

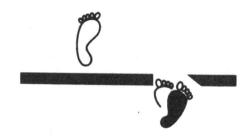

图 3-10-7　正手击球直角式站位步法

图 3-10-8　反手击球直角式站位步法

（三）开放式站位

球员进行大幅度的跑动时通常会使用开放式站位。右手持拍的球员将右腿与来球在同一条直线上持平，在引拍的同时转动肩部和腰部，以右腿为支撑点，重心也在右腿上，进行缓慢移动。若左手持拍，则上述动作改为左腿。

在球员挥拍的时候，自然地将身体转向场地，支撑腿呈"蹬地"动作，这个动作不是必备动作，但是这个动作可以让球员保持平衡，而且还能帮助球员将力量转移到球上。相对于开放式站位来说，如果球员采用关闭站位、直角站位击球的时候还需要多移动一到两步。

（四）侧身攻步法

为了使用杀伤力更强的正手，许多优秀选手往往选择在反手区采用正手侧身攻步法，以保证击球的攻击性。判断来球后，采用侧滑步向击球方向移动，待接近球时，右脚滑动到左脚的后方，采用侧身位交叉移动，根据击球的路线采用开放式或半开放式站位击球（如图 3-10-9 所示）。

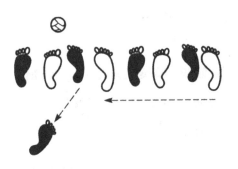

图 3-10-9　正手侧身攻步法示意图

三、网前截击步法

网前截击位置多是通过跑动创造出来的，包括从后向前及横向移动等步法。

（一）移动步法

从后场跑到网前击球时，为能较好地抑制前冲的惯性，首先做出分腿垫步步法，然后采用交叉步进行截击（如图 3-10-10，图 3-10-11 所示）。

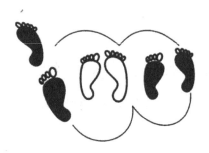

图 3-10-10　正手击球网前移动步法

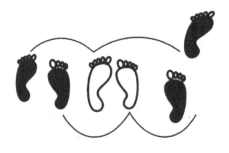

图 3-10-11　反手击球网前移动步法

（二）定点步法

当站位已处于网前，判断来球离身体较远时，首先做一到两步的横向滑步动作，然后运用交叉步向前迎击球。

四、高压球步法

正确的步法，对于打高压球至关重要，不但有利于找到准确的击球点，而且能控制好身体的平衡。

（一）后退移动步法

判断来球后，左脚用力向后蹬地推动身体中心向后转移，接着左脚从前绕过右脚，完成一次交叉步，然后用侧滑步找球。

（二）向前移动步法

击落地高压球时，需要采用向前的步法移动击球。判断好来球后，采用交叉步向前移动，快接近击球点时，保持左脚在前做侧身垫步步法击球。

第四章　高校网球战术教学与训练

在高校网球的教学与训练中，除了要学习一系列的技术知识与操作外，还要学会一些战术。本章主要讲述高校网球战术教学与训练，从三个方面进行阐述，分别是网球单打战术教学与训练、网球双打战术教学与训练、网球心理素质战术教学与训练。

第一节　网球单打战术教学与训练

单打比赛的重要特点是注重击球的方式，主要通过几种击球方式的组合来赢取得分。两位球员在各自的半场上随意站立，在比赛中不断变化、移动，开阔的球场既为球员提供了更加广阔的移动范围，也影响着比赛的发展。

一、单打战术概述

（一）单打战术分类

1. 上网型打法

上网型打法主要指的是通过网前进攻来获取得分的一种战术打法，主要有两个类型，一是发球上网，二是随球上网。发球上网是一种先发制人的打法。发球员利用大力的平击发球或弹跳高的上旋发球，有时也利用发球落点的变化，造成对方回球困难，随即快速移动到离网较近的位置，以截击球或高压球取胜。随球上网的打法主要指的是当赛场上出现双方一直僵持在底线对攻时，在面对质量不好的中场球时马上抢点抽击随后上网。上网型打法要求具有良好的发球技术、把握随球上网的时机、网前判断能力优异、脚步启动的爆发力。

这种类型打法的球员具有善于结合使用两种截击技术（发球上网截击、随球上网截击）和快速向前移动的能力。他们一发的成功率高，力求逼迫对手回击球质量不高,然后再以网前截击和高压技术为主要得分手段。这种打法通常在快速场地比在慢速场地发挥得更好。这是一种先发制人的打法类型。善用这种打法的运动员,通常身材比较高大,而且具有较高的发球和网前截击技术,较好的速度和力量素质,性格多数比较外向,与人比赛一般不恋战,喜欢速战速决。

2. 底线型打法

底线型打法是以正反手抽击球为基础的打法。这种打法多用在底线对攻上,很少主动上网,故耐力、敏捷的步法、击球落点等成为取胜的重要因素。此打法又可分跑动型底线打法和进攻型底线打法。其中,跑动型打法的特点是:具有良好的步法及耐力,意志顽强并具有灵活的头脑。由于移动是其特长而技术少有威胁,因此缺少主动得分的手段。进攻型底线打法的特点是:上旋发球技术稳定,接发球预判能力和手感非常优异,正反拍击球都具有很强的杀伤力。但底线的优异也突显出运动员网前预判能力的缺乏。

此种类型打法的球员靠近底线抢点(提前)击球,以底线抽球的速度、节奏、旋转和落点变化来争取主动,善用这种打法的运动员,通常具有非常扎实的底线抽击球技术和快速灵活的移动能力,在比赛中,主要凭借自己快速、凶狠、准确和稳定的底线抽击,迫使对手在场上疲于奔跑而失误。

3. 全能型打法

全能型打法指运用各种技术进行攻击和防守的打法。要求既能在底线来回击球,又能创造或不失网前得分的机会;当对方上网时,能击穿越球;对方击球较浅时也能随机上网,依靠灵活多变取胜。这类打法要求球员技术全面均衡,在场地的任何地方都能将球处理好。全面型打法的优势是:发球时采用平击与上旋结合所制造的线路和旋转可以给对方造成直接威胁,在网前具有良好的预判能力,在跑动中也能得心应手地完成击球技术,掌控场上节奏的能力强。

采用这种打法类型的运动员通常都具有比较全面的技术,没有明显的弱点。而且在实战中善于随机应变地运用各种技战术,在各种性能的球场上都能较好地发挥出自己的技战术水平,取得比较好的成绩。

(二)单打战术教学方法

在网球战术教学中,应根据运动员掌握技术的情况和身体条件,无论是网前打法、底线打法或综合型打法中的哪一类具体战术练习，都可采用分类组合、循序渐进的方法进行教学，网球战术教学方法主要有以下几种：

1. 多球教学法

多球教学法和其他教学方法相比，可以有效解决单球练习密度不易加大、强度不强等问题，而且可以帮助学生学习和巩固基本技能，促进特长技术的精进。用多球教学方法进行练习，拍数由少到多，由简到繁，线路由固定到半固定再到不固定。随击球、中场截击球、近网截击球、高压球、发球上网打法、底线打法、综合打法都能根据打法要求用多球进行练习。

2. 比赛教学法

在网球运动教学中，有目的地安排技术与战术的搭配练习以及战术的组合练习，对加速提高技术与战术水平及战术组合有着良好的作用。在教学中运用教学比赛法可组织如结合发球或不结合发球的半场对全场、全场对全场的进攻及防守反击的教学比赛；定点随球上网或不定点随球上网的教学比赛；定点破网或不定点破网的教学比赛；发球上网的固定线路到接发球不固定线路的破网教学比赛等。

具体来说，网球比赛教学法可细分为专门技术与战术比赛教学法和擂台式比赛的战术教学法两种。详细分析如下：

（1）专门技术与战术比赛教学法。对该教学法的运用，一方面可以提高学生在实战中专项技术的运用能力；另一方面可以帮助学生在对抗练习中不断提高防守和主动进攻的能力。运用专门技术与战术比赛教学法可在教学中组织发球上网和接发球破网对抗比赛，随球上网对破网的比赛，底线紧逼进攻与防守的比赛，在底线左、中、右处的击球比赛，限定区域比赛，2/3 场侧身正拍攻对全场的比赛，记分比赛等。

（2）擂台式比赛的战术教学法。该教学法有助于提高学生的竞争意识和处理关键球的能力。运用擂台式比赛的战术教学法，可组织如在某些战术练习课中安排 30～40 分钟 2 人或 4 人打 2 局或 7 分决胜负的比赛；胜者继续与别的学生比赛。也可根据学生掌握技术的情况及需要解决的技术，规定对某些重要技术得分或失分加以奖励分和处罚分，以提高和改进重点技术的练习。

3. 检查教学法

网球教学的检查比赛战术教学法，可以检查学生当天或本星期的技术与战术练习存在的问题，以便在下阶段的教学比赛中加以改进。如每次练习课最后20～30分钟，可安排学生进行几局或结合发球的战术练习以及每周课程中安排1～2节技术与战术教学比赛课进行强化练习。

除了上述几种应用较为广泛的教学方法外，网球教学还有记分教学法，即用记分的方法进行战术的结合和对抗练习，以提高实战能力。

二、发球战术

发球在网球运动中是最有攻击性的一种战术和技术。就发球来说，与对手的实力没有任何的关系，不会受到对手对自身的影响。发球作为比赛的开始，也就意味着组织战术的起点。要想在比赛中赢得赛场的主动权，就需要在比赛的最开始将发球作为战术的一部分。

发球击球时的种类不同，站位及瞄准的目标也有相应的变化，单打发球站位的基本前提是：底线后中线附近。根据网球规则，发球队员可以站在端线以外，边线与中心线的延长线区域内，在任何一点认为有利于自己发球的位置上发球。单打比赛，之所以取位于中心线附近，是因为整个场地需要一个人来防守，无论对方将球接回本方的哪个区域，在中心线上起步去追球相对距离都是最合理的。下面就根据发球的不同性质来介绍一下发球的战术。

（一）各种发球的战术

1.发平击球

动作要领：抛球的位置和击球点都在右肩膀的右前上方，双腿用力蹬地，让身体充分伸展，腰腹先发力来带动整个手臂，使手臂产生鞭打动作，最后用手腕的力量在最高点用扣压的动作将球击出。为了能达到平击的效果，手臂挥动时，一定要有手臂内旋的动作。

（1）平分区发球（右半区）

站在中心线附近，发球的目标是右区内中线附近。从这个位置发球，球飞行距离最短，球可以从球网最低处通过，可保证较高的发球成功率，且球过网后飞向对方的反手方向，给对方接发球带来麻烦。

（2）占先区发球（左半区）

取位于中线附近，发球的目标是左发球区内中线附近。和平分区一样，发出的球可以从网最低处的位置通过，此时球虽然是发到对手的正手，但是从中心线方向接回的球很难打出角度，发这种球有利于自己防守。

2. 发切削球

动作要领：球抛的位置及击球点比平击发球都稍偏右一点，击球时像是从球的右侧向左沿水平轴横切球一样，使之产生旋转。

（1）平分区发球（右半区）

位于中心线向右一步的位置上，发球的目标是边线的内侧场地内。这样的发球落地弹起后则飞向场外，把对手调离场地去接发球，使场地里存在大的空当，给自己创造进攻的机会。

（2）占先区发球（左半区）

同样是站在中线的位置，向发球区边线内侧的场地内发球。球弹起后向左飞，给对方接发球造成困难。

3. 发上旋球

动作要领：抛球在头顶正中的位置，击球从后下方向前上方刷球的过程，使球产生明显的上旋。

（1）平分区发球（右半区）

站在中心线附近，球发向对方发球区的内角，上旋发球落地后弹跳比较高，对于接发球的人来说，在反手位接超过肩部的球，难度相当大，回球质量就不会很高，给发球方进攻创造了机会。

（2）占先区发球（左半区）

站在从中心线向边线跨一步的位置上，发球目标是对方发球区的外角。球弹起后，直逼对手的外侧，而且发球有角度，可迫使对方追出场外去接球。

（二）发球战术应遵循的基本原则

1. 攻击对手的反手侧

对于大部分的球员来说，都有反手球技术水平不高的问题，在这方面很容易出现失误，是自身的弱点。因此，如果将球向着对方的反手位发，那么对手的回击球通常来说攻击性不强，就为下一拍进攻创造了条件，从而争取主动，最终取得这一分。发球时如果把球发向对手的正手侧，遭受攻击的概率就会大大增加。

2. 球发向对方的边角处

球飞向对方的边角处，对方在接这种球时，必须向边线方向快速移动且可能跑出场外，此时对方场区就会出现很大的空当，从而为进攻创造了有利的条件。

3. 发深球

发深球会迫使对手移动到端线以外去接发球，因此接回的球不太可能有很强的攻击性。

4. 发追身球

接发球中，追身球是很难回击的一种球。因为球是直接冲人的身体而来，回球时一时难以决定用正手还是反手接，这么一丝的犹豫就容易造成失误。

5. 发旋转球

发旋转球是发球上网型选手惯用的手段。这种球落地反弹较高，常超过人的肩膀，给接发球造成了很大的困难，使其很难回出攻击性很强的球，甚至接发球失误。

三、接发球战术

接发球和发球一样重要，因为你不能破发就很难赢得比赛，而接发球是破发的基石。现代网球比赛中，发球、接发球的得分总和占一场比赛得分总和的40%还要多。好的接发球可以在一定程度上遏制对手的进攻，打破对手发球战术的计划安排，从而减少自己的压力。要想接好发球必须做到以下几点：准确的预判、合理的步法、迅速到位、正确的击球手法。当然，对于初学者要求很快做到这几点是很不现实的，但初学者必须清楚，这是努力的方向，是对方发球局争取主动的基础。下面就根据对方不同的发球战术，介绍接发球的有关技巧。

（一）各种类型发球的接法

1. 平击球的接法

（1）站位

如果判断对方的发球是平击发球时，一般应站在底线稍后1～2米处、靠近单打线水平越一步的位置上。不管对方的球发到正手还是反手，这种站位都可以冷静、从容应对。

（2）对策

当对方的球速很快时，引拍动作应该短小，及时地将拍面对准来球，借力将球顶回对方的场地，甚至可以不必挥拍，只将拍面对准来球即可。这时很难考虑和做到把球回到哪个区域，只注意争取把球打得越深越好。

2.切削球的接法

（1）站位

切削发球在球落地之后，一方面具有向前的冲力，另一方面球还带着强烈的右侧旋转。在面对这种发球的时候，站位应该在平分区向边线靠近的位置，在占先区往中线靠近一点。

（2）对策

当对方的切削球的侧旋很强烈时，接这种球应及早向前踏步迎截，抢在球的方向改变之前击球，并且尽可能打深的对角线球，这样可以赢得时间，即使这时自己已经在场外接球，也会使自己有时间回到底线中间，准备下一次击球。

3.上旋球的接法

（1）站位

上旋发球，在球落地后，明显地带有强烈的向上旋转，甚至球会弹到肩部的位置，给接发球带来困难。所以在平分区接这种球时，可稍稍靠中间一些取位。此外，如果有着高超的接发球技术，可以选择站在场内在球的上升点进行接发球，实现抢攻。

（2）对策

当对方的上旋发球落地弹跳得又高又远时，由于击球点越高回球越困难，因此回击这种球时应尽可能向前，在球没弹起之前将球击回。如果错过了这个前点，也可以在球下落的时候击打。另外，上旋球可以用切削来应对，这样有时可以收到意想不到的效果。

（二）针对对手的打法而采取的接法

为了给自己得分创造机会，在接发球的时候，就应该根据对手的打法类型制定自己的战术，进而一步一步实现自己的目标。

1. 针对底线型打法发球者的接发球战术

（1）平击球的接法

对速度较快的平击发球，可站在稍稍靠后的位置上接发球，这样做比较安全。接球时，首先考虑的是将球回到发球方底线附近较深的位置，而不是再想加力打出更快的大力球，此时沉着冷静地打深球应作为首选的回击方式。

（2）切削球的接法

对落地侧旋的发球取位的方法是：在平分区时，站位应尽量向边线靠近；在占先区时，可稍稍向中线靠近一些。接拐向边线方向的切削侧旋球，最理想的回球路线是打向对方的对角线。因为自己接球时可能是在场地外来击打这个球，所以打对角线可以为自己回位争取时间。

（3）上旋球的接法

对落地弹跳得又高又远的上旋球，如果不能及时在球弹起前回击过去，那么被对手攻击的可能性就较大。

接上旋球的对策是稍稍在底线靠前的位置，注意在球弹起之前跨步上前击球。考虑到发球一方不是网前打法，等球下落时击球也可以，但是必须记住自己不能主动失误，且应首选把球打深。为了克制对方的上旋，可以采用下旋切球回击对方的发球，给对方的回球造成困难。

2. 针对上网型打法发球者的接发球战术

（1）平击球的接法

利用对方的球速将球打到其脚下是接这种球的上策。这种回球会给自己创造很多有利的机会。如果沉着应付下一拍，很快就会得分。

（2）切削球的接法

接向边线拐弯的切削发球，通常比预想的还要靠外。这时为了能争取时间回位，回对角线是关键，如果能打出深的斜线球就为打穿越球创造了条件。

（3）上旋球的接法

上旋发球的选手采用发球上网的较多，因为球在空中飞行的时间较长，发球者有充足的时间移动到网前，这时为了压制对手上网，应该抢先击打球的上升点，并把球打向对手的脚下。

（三）接发球战术的基本原则

（1）首先要保证把球安全地打击到对方的场地内，不要想一拍就置对方于死地。

（2）尽可能将球回击到对手防守比较薄弱的一侧。

（3）对接发球的方式进行主动变换。

（4）根据自身的情况和能力，对接发球的旋转和速度进行改变。

（5）根据发球方的站位变换自己的接发球位置。

（6）如果发球方采用大力的平击发球，接发球最好用挡球式接发球。球落地后主动向前迎击来球，而不是撞击。用一个正确的转髋和转肩动作向后引拍，动作要小。

（7）接力量小、速度慢的发球，可以用快速击球或削球后上网进攻。

（8）接有角度的发球时要提前准备，朝球的飞行方向提前斜线移动，并回击斜线球，留在后场，及时回位。

四、底线型打法的战术

底线型打法主要指的是以底线正手、反手击球为基础组织的战术，主要通过变化旋转、速度、落点来制造进攻的机会和途径，这也是这一战术的指导思想，拉攻、对攻、紧逼攻、侧身攻、防反攻是底线型打法的主要战术。

（一）对攻战术

底线型打法中的两面攻战术，主要是通过对底线正拍、反拍抽击球所产生的进攻能力进行利用，同时配合不断变化的速度和落点，双方展开阵地战，在赛场上争取主动，从而达到可以控制对方，击败对方的目的。

（1）通过速度来对对手进行压制，对于对手的弱点通过正拍、反拍抽击球的力量、速度来反击。

（2）通过正拍、反拍的抽击球对对手的弱点继续打击，以此对对手进行压制。

（3）用正拍、反拍的有力击球调动对手大角度跑动，从而寻找机会进攻得分。

（4）利用底线的两个角来调动对手，再连续打重复落点，打乱对方的节奏，寻找机会进行变线。

（二）拉攻战术

在底线型打法中，拉攻战术是较为平常和普遍的一种战术，主要是通过以下方法促使对方左右进行移动：一是底线正手、反手拉上旋球；二是正手拉上旋，反手切削球。拉攻战术是在对方进行移动的过程中寻找空挡和机会来取得得分的一种打法。

（1）通过正、反手拉强力上旋回击到对方的底线两个大角的地方，让对手一直在底线移动，不给对方上网的机会和底线起拍进行反击的机会，看准时机，赢得分数。

（2）通过正手、反手拉上旋球，紧接着加拉正手、反手小斜线，让对方来回跑动，消耗体力，增加低质量回球的概率，寻找机会进攻得分。

（3）逼近对手的反手深区，寻找进行突击的正手进攻。

（三）侧身攻战术

在底线型打法中，最主要的进攻手段就是侧身攻战术，侧身攻战术通过强有力的正拍抽击球加上预判与步法的移动，主要利用正拍在三分之二的场地对对手施加攻击。

（1）通过连续的正拍发起对对手的进攻，以此为自身得分创造机会。

（2）调动对手移动可以通过正拍进攻，使用反手来对落点进行控制，寻找合适的时机使用正手进行出其不意的进攻。

（3）利用全场，压制住对手，逼攻对手的反手位，寻找机会对边线正拍进行突击。

（4）通过正拍连续打出重复落点进行攻击。

（四）紧逼战术

底线型打法中的紧逼战术主要是利用快节奏来对对手进行攻击的一种方法战术，这也是很多优秀的世界级选手经常使用的一种进攻型战术。

（1）为了给对手心理施压，可以在接发球的时候就步步紧逼，发起进攻。

（2）通过对对手的反手位，连续逼攻对手，然后对正拍进行突击，寻找机会。

（3）对对手的底线两个角进行紧逼，使对手在压力下出现回球失误，寻找机会上网。

（五）防守反击战术

在底线型的打法中，防守反击战术有着重要的地位，在对防守反击战术进行执行的时候，会对良好的底线控制球的能力进行利用，通过判断准、体力好、步法灵、反应快、击球准确的特点来调动对方的活动，在防守的时候寻找反击的目的。

（1）在赛场上，当对手使用底线紧逼进攻战术的时候，我们可以采用底线正、反手上旋球回击，将球回击到对手两个底角的最深处，不给对手创造可以进攻的机会，这样在比赛中寻找反攻的机会。

（2）当面对对手的发球上网战术时，可以采用迎上借力来击球，通过将球打到两边小角度或者将球打到对方脚下，在下一拍的时候找机会反击得分。

（3）在对方运用随球上网战术时，这一拍应加快击球的节奏，首选对方空当，如果打空当有难度，应把球打向对手的身体，使对手截不出质量高的球，为下一拍进攻创造机会，进而反击得分。

五、中场战术

中场区域是最重要也是最难掌控的区域。根据来球的高度可采用的击球方式有以下几种：

（1）当球弹跳低于球网时，可以采用向前跑动中随球上网。

（2）当球弹跳高于球网时，可以采用压制性正反拍击球获得这一分的胜利。

（3）当以上两种情况同时出现时，可采用假动作，放小球扩大场上优势获得这一分的胜利。

六、综合性打法战术

综合性的打法主要指的是建立在技术全面性和基本功扎实的基础上，依据不同的比赛对手和战术的掌握情况、考虑战术的需要和场地的特点，对各种战术打法灵活选用的战术。综合性的打法强调攻守的平衡性，遵守主动、积极、灵活的原则。

（1）在面对发球上网时，在接发球局可以抢攻；在发球局，将球回击到上网队员的脚下位置，在第二拍的时候准备破网。

（2）在面对随球上网时，不能给对手上网的机会，可以采用底线打深球战术将对手压制在底线。当对方已经随球上网时，可以采用拉上旋过顶高球或者采用两边不同节奏的击球实现破网。

（3）在面对底线上旋球打法的时候，用正手、反手对拉，在战术上采用发球上网或随球上网，通过反手的切削对落点进行控制，以此寻找进攻的机会。

（4）在面对底线较稳健打法的时候，可以通过紧逼战术、随球上网、发球上网等战术将对手的节奏打乱。

（5）面对接发球上网时，在发球的时候要提高第一发的命中率，对发球的落点进行变换，从而把握赛场主动权。

第二节　网球双打战术教学与训练

双打和单打最大不同在于，双打是一场关于场地站位的较量，双打比赛中，相对狭小的空间限制了球员创造性的发挥，但也催生出更多合理的击球手段，一对双打配对可尝试不同的站位，然后找到最有效的应对对手的站位，并且根据对手的情况，进行变位。在双打比赛中，尽一切可能设法先占据最佳的网前进攻位置是首要的战术目的。道理很简单，在单打比赛中，防御性的战术如果运用得当往往也会取胜。但双打比赛却主要靠主动攻击取胜。双打比赛中最有利于进攻的位置是在网前。谁能占据网前位置谁就把握住了比赛的主动权。

一、双打战术概述

（一）双打战术的特点

双打是两人配合的比赛项目。从实际情况出发，针对对手的情况制定相应的双打战术方案是十分必要的，但在比赛过程中预设战术的实施要靠两人的密切协作与默契配合。与单打相比，双打战术的变化性与机动性都非常复杂，因此，不管是在高水平的双上网对攻战中还是在中低水平的攻防中，可以达成瞬间的默契与配合是非常难得的，这也是双打战术中最为突出的特点，是战术成功与失败的关键点。为什么有些优秀的单打选手双打的成绩却平平呢？除了单、双打属于两种不同的战术体系之外，有些单打选手在双打中缺乏密切的协作意识是造成比赛失利的主要原因。两个人只有在互相了解和信任的基础上才有可能建立"默契配合"，这需要二者进行长期的训练与磨合。优秀的双打配对应该是互创条件、相辅相成、紧密合作、扬长避短的，应该在赛场上互相鼓励、有呼有应，就算遇到失利的情况，二者也可以愉快、融洽地进行配合。

（二）双打与单打的区别

就网球战术来说。双打与单打在这方面有着完全不同的特点，具有很大的差距。但我们知道，双打比赛需要个人发挥单打技术，以此为基础进行配合来完成比赛。

从整体上来看，双打和单打在形式和打法上有着完全不同的特点。双打是以截击为主的，两人利用绝对有利的阵形来完成比赛，单打与之相反，主要依靠在底线打落地反弹球来完成比赛。对于单打与双打的区别具体如下：

（1）一般单打第一发球的力量较大，多用平击大力发球，因此命中率比较低；而双打要求发球上网（特别是男子双打必须发球上网），要求第一发球的命中率在 75% 以上，并强调落点位置，所以多采用命中率较高的切削发球或上旋发球，落点应在对手的弱点上，以利于上网或给同伴截击创造机会。

（2）单打战术要求尽量把球击向场地两角深处，球过网的高度可在 1.20～1.53 米；而双打要求把球打低些，打好落点球，防备对方截击。

（3）双打比赛挑高球的应用比单打多，高压球的机会也多。因此，双打运动员应更加注重截击球和高压球技术的提高。

（4）双打经常出现双方 4 人同时上网，短兵相接，激烈对攻。由于往返球速快，运动员的反应也必须更快，动作要迅速，判断要准确。双打中可采用二打一的战术，多攻对方较弱的选手。

（5）双打时，两个人的优缺点可以相互补充；而单打则必须靠一己之力来克服本身的弱点。

（三）双打的配对

对双打配对的选择是一个非常重要的决定，赛场中所组成的每一对优秀的双打组合，不仅需要在战术上可以相互补充，同时还需要而在在个性上进行补充，在感情上相处融洽。在对双打选手进行挑选的时候，两个选手之间应该建立在相互了解的基础之上，尤其是二者了解彼此在比赛压力较大时所表现出的行为方式和反应类型。

一般来说，成功的双打配对会由两位个性互补的选手组成，二者之间的个性差别不是配对的短处，而是长处。在磨合中，应该给双方一定的时间去了解自己伙伴的情况，包括在出现压力的情况下，彼此如何做出反应。在出现压力情况下，选手双方应该稳定情绪、相互扶持，对方向进行明确。

因此，对不同类型的同伴进行试验搭配，主要考虑风格和个性等不同方面，以此来确定什么类型的选手可以成为最佳的搭档。

确定配对时，在比赛中应遵循以下几点：

（1）如果有一名实力强的选手，通常他应打反手一侧，因为通常在这一侧能得更多的局分。

（2）如果有一名左手握拍选手，通常他应打左侧，两名选手的反手比正手都好的情形除外。

（3）如果有一名擅长打右场或左场的选手，他应打擅长的一侧。

（四）双打战术的分类

1. 双上网型

双上网型阵型的主要特征是：发球或接发球后采用上网战术，网前截击能力较强，步法灵活快捷，进攻意识较强。

双上网型战术的根本目的是积极创造一切机会和条件利用强有力的发球和接发球技术来对上网时机进行抢先，在占得上网时机后，对来球在空中进行截击，以此抢占有利的攻势，并且通过落点的变换和速度的变化创造得分机会。

2. 一底一网型

一底一网型阵型的主要特征是：技术比较全面、均衡，无明显漏洞。根据分工的不同，网前球员抢攻意识要强，利用站位给对方击球施加压力，底线球员利用正反拍的进攻，落点与击球节奏的变化，为网前球员创造抢攻或得分机会。

一底一网型通过变化底线落地抽球的力量、速度、旋转、落点来积极调动对方，以此来争取赛场上的主动权，网前球员获得抢攻机会和得分机会。

3. 综合型

综合型阵型的主要特征是：球员的技术比较全面，能攻能守。除底线正、反拍击落地球技术比较好以外，还掌握较好的中前场技术、发球、接发球技术，穿越球能力也比较强，根据对手的不同打法、不同特点，能采取不同的应对战术。

此阵型战术灵活，变化多变，有时能采用双上网的打法，以快、狠为主要手段，占有前场有利阵势，为己方创造抢攻机会得分。有时也能采用一前一后的打法，底线球员利用快速、多变的正反拍技术，控制、调动对方，为网前球员创造抢点进攻和得分的机会。在接发球时能采用双底线打法，以守为主，守中反攻，伺机取得比赛的胜利。

4. 双底线型

双底线型阵型主要特征是：发球或接发球质量不高，对对手的威胁性较低，两名球员均留在底线，利用底线抽球的速度、力量落点和旋转变化降低被动局面。

此阵型可在比赛不顺利时采用，这种防守性站位可能会改变比赛的进程，优点是降低发球或接发球劣势时的压力，使同伴不会在网前处于被攻击的状态，在比赛中起到过渡、稳定战局与以守为攻的作用。

（五）双打战术的发展趋势

随着研究的深入，现代网球技术不断获得提高，网球双打战术也朝着更加积极和快速进攻的方向发展，主要呈现出以下的特点：以攻为主、积极抢网、快速灵活、战术多变、默契配合、狠巧结合。现代双打网球需要充分发挥二者在技术上的优势，对上网抢攻取胜需要尽全力争取，使双打的整体进攻和防御能力提升到一个更高的水平，具体表现在以下几个方面：

1. 发球局坚决运用双上网抢攻战术

（1）纵观世界上高水平的双打发球局战术，不管是第一发球还是第二发球都会果断选择双上网抢攻战术，女子双打、混合双打也是如此。如果发球员上网的速度慢或者不上网，就有很大的可能性被接发球者抢攻，因此陷入被动的境地，而双打失利的前兆就是失去网前的优势。

（2）为了使发球局网前抢攻优势保持下去，重要的一点在于发球员掌握发球技术。发球在双打比赛中有着特殊的要求，发球不仅在力量上表现出攻击力，而且在旋转变化和落点变化上也可以在与同伴的默契中得分。为了达到这样的目的，就需要第一发球的命中率达到80%左右，在第二发球的时候，可以在力量不减的情况下，继续发起上网进攻，同时增加准确的落点和旋转，创造有利的上网抢攻条件。

（3）在发球局，网前逼抢非常凶的情况下，在强有力的发球来配合网前截击的时候，就会很少出现丢失发球局的现象，正成为高水平双打的重要标志之一，即使处于"抢七"的短盘决胜局之中，也不可以轻易丢失发球分，只有这样才能保证自身的优势局面和地位。

2. 接发球局的战术新特点

（1）接发球局的抢攻意识明显提高

在过去，双打是一个接发球局两个人都会站在底线上进行严密防守的形式，通过严密的防守期待对方会在网前出现失误，以此来取胜。就目前而言，在接发球局的时候如果不给予对方严厉的反击来创造条件进行上网进攻，就很难在对方的发球局中得分，毕竟就算自己的发球局全胜，对方的发球局没有打破也是没有办法取得比赛的胜利的。在双打战术上应该体现出能攻善守、攻守兼备，保持发球局与接发球局的相对平衡现象，如果在接发球局太弱，没有反攻的意识和能力，就没有办法使双打达到一个更高的水平。

（2）接发球局战术新特点

①接发球的站位和打法：为了对发球一方的上网抢攻战术进行破解，对回球的时间进行缩短，就需要在双打比赛中，相对于单打来说，接发球的站位要更加向前一点。在接第二发球的时候更应该进行抢攻，呈现紧逼的势头，在接法上要轻重结合，不断变化打法和落点，同时注意动作的隐蔽，防止对方发现，同伴的默契配合与变化多端的接法可以表现出非常强烈的反攻能力和水平。

②接发球同伴应该在抢网的时候凶狠，接球员的另一侧发球线附近应该站着接发球同伴，如果在接发球的时候成功赢得主动权，那么同伴就需要抢网进攻，将被动局面转换为主动局面，对对手上网进攻的节奏进行破坏。在过去，发球的一方的网前队员会用手势在背后传达给发球员自己要抢网的意图，现如今发展到了接发球队员同伴在中场也给接球员暗示，以此来实现配合抢攻的目的，给对方施加心理压力。现代高水平双打战术变化的常见现象之一就是双上网抢攻战术由

之前的发球局发展到了现在的接发球局。

③如果接发球的抢攻成功，就会使对方陷入被动的局面，具体表现如下：在接发球局的时候要抓住机会占据网前有利的进攻点，适时反扑，尽管与发球方有远近网的区分，但是网前的优势是由快速的网前截击落点以及质量决定，只要处理得好就可以突破对方的发球局。

3. 双打网前的争夺愈加激烈

双上网战术中，两个人并肩作战，相比于单打，保护场地的宽度要窄 1/3 还要多。在赛场上，两个人只有占据有利的进攻位置，才能创造出有利的进攻条件，才可以争取到空间和时间，在近网通过大角度的截击和扣杀得分。换句话说，只有占据了网前的有利位置，才能控制赛场上的主动权。如何创造上网的进攻条件？双打战术的基础为截击球—破网技术、发球—接发球、高压球—挑高球等相互对抗和相关技术，只有具备以上这些技术和两个人之间默契的配合能力，才能完成优秀的双打网前战术。双打与单打在战术方面有所不同，不仅在发球和接发球的特点方面有所差异，同时双打削弱了底线正、反拍抽击技术的重要性，减少了底线正、反拍抽击技术的使用率，主要使用的是包括中近场截击、高压球、反弹球的网前技术和包括挑高球、破网在内的破网反击技术。

4. 高难技术在双打战术中起着决定性的作用

因为在双打中会出现双上网抢攻，这就导致四个人会在网前短兵相接，使击球的节奏比单打要快得多，这就要求运动员具备击球的随机应变能力并提高击球的难度。在双打比赛中，击球的校对比单打大，场区加宽，导致会增加很多的场区外回击球的概率。在双打比赛中会遇到很多单打中很少会使用的技术，比如，准确的大力旋转发球、快速的网前截击、为应对对方抢网变化多端的接发球、中场的低截击和反弹球、强上旋破网和挑高球、近网截击对攻变化的截击挑高球、放轻球等。这些在双打快速对抗中，由高难度动作组成的快速进攻战术不断推动着网球双打朝着更高的水平发展。

"快、狠、准、巧、全"是当代高水平网球中双打战术的风格。在发球局中实施强有力的网前攻势会提高接发球局的反攻能力；在双打比赛中不断增强的对抗能力和不断加快的节奏和转化速度，会使网球双打战术朝着更高的水平和方向发展。

二、发球局战术

就发球局而言，双打比赛与单打比赛是一样的，都是通过直接进攻，对对手施压，争取赢得比赛中的主动权，双打中，以此来为同伴网前抢网截击得分营造有利的条件。对于发球的战术而言，主要有以下三个方面：一是发球上网战术，二是发球抢网战术，三是澳大利亚战术。

（一）发球上网战术

基本原则即通过采用平击、侧旋或上旋大力、快速度、大角度落点准确的一发成功率，迫使接发球质量减低，为搭档创造抢网截击得分的机会。第二发球要利用旋转和落点的变化，来为上网创造条件。无论是一发或是二发都应考虑到对手的技术特点，采用能制约对手发挥特长的发球技术和站位。

（二）发球抢网战术

在使用发球抢网战术的时候应该在事先与同伴商量作战技巧，比如，发球员发在什么位置？要不要抢？采用发球抢网战术可以对对手接发球造成干扰，从而创造出发球上网及抢网的有利得分条件。同时，需要对发球员的发球质量、落点、旋转、节奏的变化进行强调。

（三）澳大利亚战术

澳大利亚战术最大的作用就是可以给对方接发球的节奏造成破坏，从而创造出有利的发球上网及抢网条件。在使用该战术的时候，需要对发球落点位置进行协商，另外只有在发球员第一次发球成功时，此战术才能取得充分的效果。

三、接发球局战术

就接发球而言，双打与单打是完全相反的，在双打中，因为在接发球局中处于被动的位置，如果对方的发球员同伴网前的封网意识和随时的抢网意识比较强烈，这会加大接发球局的难度。因而，接发球局中战术运用成功与否的关键在于接发球的质量，为了变被动为主动，接发球时不能总是处于被动状态，应根据对方发球及网前的攻势，提高本方的接发球质量，与此同时，要采取积极上网、主动进攻的战术。对于接发球局而言，主要的战术有以下三个方面：一是接发球双上网战术，二是接发球双底线战术，三是接发球网前抢网战术。

接发球是处于防守被动的地位，运用接发球战术的目的，就是利用有利的站位和接发球战术，变被动为主动，力求将被动防守地位转变为有利的进攻局面，并可为同伴创造有利的防守和进攻机会。

（一）接发球双上网战术

多数在发球方一发质量不高或二发时所使用的战术。为了抢占网前有利位置，当对方发球时，接发球员利用较小的移动距离而取得较大的防守范围。迎前还击球，然后随接发球上网，迎前击球的目的是使接发球的速度加快，给对方发球上网截击或抢网造成威胁。接发球员的回击球方法多种多样，如回击到发球上网球员的脚下或斜线双打线内等。总的原则是达到能发挥自己的优势而抑制对方的目的。

（二）接发球双底线战术

在双打比赛中，如发球方的发球质量对接发球方的压力和威胁过大，而发球方的搭档在网前的抢网意识和能力较强，为了降低本方的被动局面，破坏对方快速进攻的节奏，使对方网前截击不能马上有效得分，采用此战术比较有效。除此之外，需要对接发球的成功率进行关注，在比赛中积极寻找机会进行反击，打穿越球的时候应该凶猛，在以中路球、两侧边线小斜线为主的基础上，为了获得赛场的主动权，可以与上旋高球进行结合。

（三）接发球抢网战术

在双打比赛中，最常用到的战术就是接发球抢网战术。在运用接发球抢网战术之后可以给对方中发球上网球员增加心理负担，即增加中场截击的心理负担，在心理的作用下，就会增大回球失误或回球质量不高的概率，为接发球员同伴创造抢网得分的机会。接发球员接了一个高质量的低平球或对方发球上网者脚下两侧，迫使其从下向上拦出一个质量不高的球，为搭档创造抢网得分的致命一击。

四、常用双打战术组合

（一）发球局战术

1.基本阵式

通常发球员最好的发球和上网的位置应是中点和双打发球边线的中间，搭档一般应在场上另一侧网前，离网大约 3 米，离中线大约 2.5 米，离双打边线大约 3 米（如图 4-2-1 所示）。其中，图中 s 代表发球员，sp 代表发球员的搭档，r 代表接发球员，rp 代表接发球员的搭档。

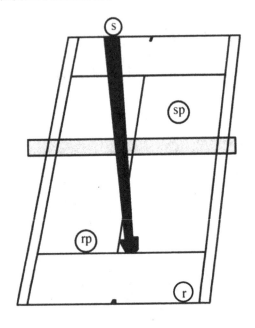

图 4-2-1 基本阵式示意图

2.澳洲阵式

此阵式的主要特征是：发球时，在网前的发球方队员，站立在发球员的同一侧，发球员则站立在中点附近发球（如图 4-2-2 所示）。发球员发球后，立即跑向对角线上网去封截在基本阵式中原来由网前队员负责管辖的那半片场地。

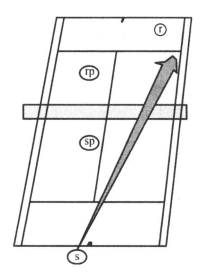

图 4-2-2　澳洲阵式示意图 [①]

此战术迫使对手改变原来习惯的击球方法和节奏，使得他们不能按原来所习惯的回击斜线球来进行接发球，而逼对手打他们所不擅长的直线接发球。由此而见，澳洲阵式主要适合针对不擅长进行直线接发球的选手使用。

（1）"一发"应以深入的旋转发球为主

在双打比赛中，发球并不需要发的过于强劲，但十分强调发球的落点，一般来讲应以深入的旋转发球为主。首先，带有旋转的发球有利于提高发球的成功率，而一发成功率的高低对双打比赛是非常重要的；其次，面对带有强烈旋转的发球，对手必须以切削的手法进行化解，这是比较需要技术的。更重要的是，旋转发球速度相对比较慢，如果发得比较深入，就会有比较充分的时间上网。所以不要过于计较于发球的速度而喜好运用大力的平击发球。事实上，发球速度越快，对手还击过来的球越早，这对下一步尽快地上网截击显然是不利的。

（2）力争控制球场的中央部分

在双打比赛中最主要的战术目的是控制球场的中央部分，一般情况下，谁能更多地控制住球场的中央部位，谁的胜算就更多。这是因为，发球使接球者的回击角度受到了限制，而有利于我们下一步在网前对局势进行控制。

为了达到这一目的，发球最好以发内角球和追身球为主（如图 4-2-3 所示）。

---

① 　s：发球员。sp：发球员的搭档。r：接发球员。rp：接发球员的搭档。

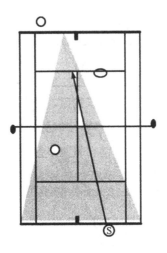

图 4-2-3　内角示意图

如果经常不在意地把球发向发球区的外角，那么对方就会有比较大的角度来选择回击的落点（如图 4-2-4 所示）。

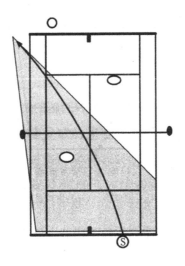

图 4-2-4　外角示意图

（3）发向对方的反手

若对手的反手接发球较弱，有意发外角逼他的反手，这也是一种比较好的发球战术。通常这种发球运用在第二发球区发球时，如果对方是左手握拍球员，那就正好相反。

（4）利用切击发球突袭对方的正手外角

由于在比赛中经常采用以发内角球和追身球为主的战术，对方就会将注意力集中在这方面。此时，应和搭档有默契地利用切击发球突袭对方的正手外角。运用这个战术有一点特别重要，那就是一定要使搭档多注意封截对方的直线穿越球。因为，此时打一个直线穿越球，正是对方的接发球员最好打、也是最可能形成攻击力的一种打法。

（5）抢截与补位

在双打比赛中，网前队员如果能预测出对方的接发球回击方向时，可以采用这种抢截补位战术：网前队员在对方球员接发球的瞬间，利用在网前的有利位置迅速向场地的另一边移动，准备给对方致命的一击。而发球员发完球后则突然改变方向迅速跑向原来搭档的一侧进行补位。

抢截与补位的战术并不难学，关键是两人在比赛中要有很好的默契，因为网前的队员很有可能会判断错误，这就需要发球员来及时地进行补位，同时还不能够让对手事前了解你们的意图。而且一旦网前的队员已做出抢截的动作，那么不论他的判断是否正确，双方的动作都必须进行下去，如此才不容易出现失误。

（6）发球员在上网途中的截击方法

在双打比赛中，应养成发球动作完成后随即迅速上网的习惯，如果能及时地赶到网前，通常就能有效地封截对方的攻势而赢得这一分。但是在实战中，绝大多数的情况是发球员在跑向网前的途中时，对方已将球回击了过来。此时，因为发球员自己还未赶到网前站稳脚步，所以不可急于给对方一个致命的截击，否则容易引起失误。

在大多数情况下，应该是先把球较深地截击回对方靠近接发球员一侧的底线，等自己在网前就位后，再展开下一次更有力的攻击。

如果此时对方的接发球员也正在随球上网途中，可先将球截击回他的脚下。

如果此时对方的接发球员已经靠近网前较好的截击位置，你又正处于比较低的截击位置，可伺机采用截击吊高球于对方的后场。但这需要有精湛的截击技术、灵巧熟练的手腕和前臂动作，以及良好的战术意识。比赛中运用这种方法具有很大的风险，因为一旦被对方识破或击球质量不高，换来的可能就是一个凶猛的高压球。

（二）接发球局战术

同样是接发球，双打比赛与单打比赛有很大的区别。在双打比赛中，接发球员在球场上可还击的位置比单打时要少了许多。首先，在单打比赛中，发球员发球后有时或许不上网，这就对接发球员减少了不少的压力；其次，在双打比赛的发球时，发球方总有一位球员站在网前伺机进行封堵和抢截，这就给接发球方增加了很大的难度和心理上的压力；再次，双打比单打在人数上增加了一倍，但是在场地的宽度上却增加有限。

由此可见，具备高水准的接发球技能，从而能不时地突破对方的发球局，这对夺取双打比赛的胜利是非常重要的。

1.阵式

（1）基本阵式（如图4-2-5所示）。

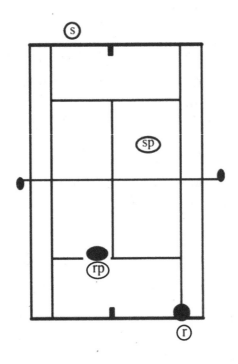

图4-2-5 基本阵式示意图

（2）双底阵式（如图4-2-6所示）。

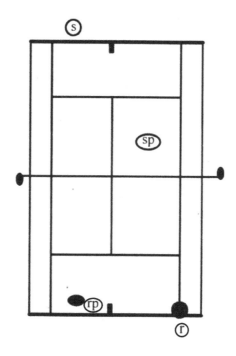

图 4-2-6　双底阵式示意图

2. 接发球基本位置

由于在双打比赛中，通常发球员都比较注重一发的成功率，因此绝大部分选手采用的几乎都是旋转发球，并迅速上网。为了能还击出比较具有攻击性的接发球，迫使对方正处于上网途中的发球员只能在离网比较远的地方进行防御性的第一次截击，从而夺得进攻的主动权。接发球员应该力争前迎在底线内侧接发对方发来的旋转球。

如果发球方一发失误，接发球员此时就更应该前靠迎击对方的第二发球。

3. 基本方法

通常最佳的接发球方法是直接向发球员或双打边线还击回去（如图4-2-7、图4-2-8所示）。

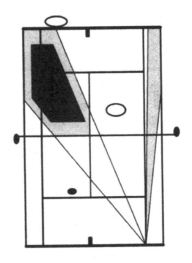

图 4-2-7　最佳接发球方法一示意图

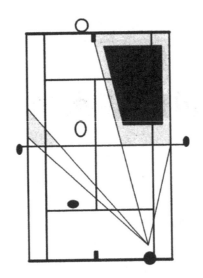

图 4-2-8　最佳接发球方法二示意图

　　在高于网的位置用切击的方法将球朝下击向正在上网的发球员，并随球上网。先迫使他只能比较被动地做一个朝上的截击，然后接发球方就可抓住这一机会进行反击。

　　用反手下旋击球法，打一个擦网而过的低球到正在上网的发球员脚下，落点尽量控制在发球区线前面，同样也要快速随球上网抓住机会进行反击。

当发球方网前队员抢截比较活跃，或伺机突袭时，抽一个直线穿越球。

上旋拉一个后场高球，以此来应对发球方网前队员的站位比较偏前、抢截比较活跃，并且一发很具威力、发球员上网速度较快的情况（如图4-2-9所示）。

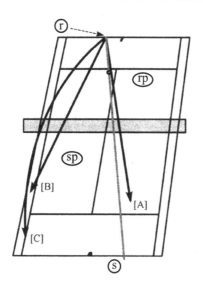

图 4-2-9　后场高球图

另外，在实战中还应根据场上的实际情况有意识地变换接发球的方法，不要总是采用同一种击球方法，以免对方预设破阵之机。

第三节　网球心理素质战术教学与训练

一、心理素质战术

（一）充分了解自己的技术水平

比赛中，双方都希望发挥出自己拿手的技术，抑制对方技术的发挥，从而在这个过程中不断得分。

网球得分的首要条件就是知己。需要了解自己不能做到什么，同时可以做到什么，只有这样才能明确自己什么时候在状态，什么时候不在状态。如果不能充分了解自己，是没办法制定比赛战略的，制定作战策略前把握住自己的水平，给自己定好位最重要，需要对以下三个方面进行明确：一是底线后场打法方面，二是网前截击方面，三是发球与接发球方面。在这三个方面可以打出什么样的球？有什么样的路线？在这个过程中的球速怎么样？这些自己都应十分清楚。如果觉得对自己了解得不够清晰，最好听听周围人的评价，如"你网前截击不错""你的球很有韧性"等，也许得到的回答与你想象的不大一样。但是，自己在什么情况下，能打出什么样的球、不能打出什么样的球都要考虑好，不了解自己的人是无法制定取胜方案的。

（二）制定战略时，首先应发挥自己的特长

高水平职业选手比赛，由于都掌握着比赛对手的技术资料，可以提前制定出比赛的战略。但是对一般选手来说，在大多数情况下，都不了解对手，比赛开始后才能知道对方的一些情况。因此最重要的是首先发挥自己的特长，运用自己最拿手的打法然后在比赛过程中根据自己发挥的情况，逐渐发现对手的技术特点，再去明确自己的战略打法。

（三）根据情况及时调整，采用最有效战略

有时虽然事先心中有了作战计划，但是打起比赛来，无论怎样努力也难以奏效，这时就应改变战略。在改变战略前，最重要的是冷静地判断当时的情况，是坚持按既定的战略打，还是在自己陷入完全被动之前尽早改变战略，一定要做出正确的决定。

如果自己的战略实施效果大体上仍然处于对手之上，那么此时应坚定信心按原计划比赛，即使是对方使出相应的变化手段，也应按原来的打法继续下去，相反，当自己的战略成功率低的时候，则必须果断地改变战略方针。

（四）增加打法变化，丰富战略计划

凡是战略计划广博的选手，其战术能力也是很强，遇到什么对手都已准备好有效的战略方针进行比赛。

单打比赛是孤独之战，比赛中不可能得到任何人的提示和指导，必须依靠自己一个人去思考、比赛。为了防止比赛中发生不知所措的情况，要事先做好充分的准备，其中最重要的是积累比赛经验。

希望大家在比赛中学到更多的东西，胜也好，败也好，都把它当成财富，这是再次挑战的本钱，也可以做到不重复同样的失败。比如：如果在这次比赛中对手使用奇袭战术而使自己受到打击，那么下次比赛就让这些战术成为自己的手段；如果自己在这次比赛中坚持既定战略方针有些过了头，那么下次比赛就一定不能放过改变战略的时机。

就眼前的比赛来说，必须在自己技术可能的范围内制定战略，但是实际上网球的乐趣是在于不断地扩大自己技术能力范围，永远追求进步，保持向前看的姿态，这样水平一定能不断提高。

二、心理素质训练

网球比赛时运动员的心理状态在各个阶段是不同的，可分为赛前准备和赛中心理状态，不同状态下心理素质训练的方法主要包括以下内容：

（一）赛前与赛中心理素质的训练

1. 赛前心理素质的训练

（1）消除紧张情绪，思想放松

适当的紧张可提高运动员比赛的兴奋性，但要注意紧张的度，不要过分紧张。要记住对手其实也很紧张，以积极淡定的心态面对对手，就可以克服自己紧张的情绪。

比赛前要做好充分的准备活动，有利于放松心情并使肌肉发热，缓解赛前紧张情绪。在网球比赛之前，比赛者要尽可能选择一些与网球比赛无关的活动，比如，读小说、看电视、听广播、与他人聊天等，这些都是可以使比赛者在赛前消除紧张的好办法。比赛者在上场时应该保持饱满的情绪和精神状态。

（2）观察对手

在准备的时候，需要对对手的一举一动进行观察，这是一个特别好的时机，可以发现对方的优点和弱点。在进行准备活动的时候，时间很短，虽然对对手的情况不能进行深入的、详细的了解，但还是可以辨析出一些对比赛有用的信息。在对手进行准备活动的时候，如果对手有很多的正手失误球，可以判断一下对手的弱点是不是正手。在练习高压球时，如果对手将每一个高压球都落在了同一个点上，是非常值得注意的。

2. 赛中心理素质的训练

（1）集中精神

比赛开始时，要将一切注意力放到比赛上。时刻注意球、场地和比分的变化；注意对手的优点和弱点；排除内外干扰。在比赛的时候，当记忆、思想、注意力、情绪等方面来干扰精神思想的时候，要立刻停止思考这些事情，将全部的精力和思想投入到比赛之中。如果丢了分也不要受这一分的影响，要重新集中精力，争取下一分。

（2）培养自信心

无论是在比赛中还是训练的时候，都要始终相信自己，信心十足地去参加比赛和训练。充足的自信心会让参赛者在比赛场上发挥出最佳的技战术水平。

（3）量力而行

量力而行是打好比赛的关键，不要因客观局势的改变做无谓的努力。如果是一名底线型打法的选手，就不要突然成为一名发球后上网截击空中球的选手；反之也是如此。有些时候运用一些不是自己所擅长的打法，也会起到意想不到的效果。如不是一名发球后截击空中球的选手，在发现自己处于被进攻的劣势时，也可以做些发球后截击的战术，反而会起到好的作用。总之，运动员要努力分析自己的优点和缺点，在比赛中能根据自己的智力和技术打球，做到量力而行。

（4）决胜局时的心理

决胜局打好的关键是不要紧张，要集中注意力。在决胜局中的每一分都是至关重要的，因为在决胜局中要赢得7分，并且需要胜对手2分才可以获得该局胜利。在网球决胜局中，发球占有一定的优势，因此，需要保证在发球的时候获得1分。在对方发球的时候要争取主动，破对方的发球，让自己处于有利的局面。如果在决胜局出现落后的局面也不用泄气，由于要想反败为胜也就是一到两分，因此，不要对自身的打法做太多的改变。如果预测对手在决胜局的时候会超常发挥，会使用一些特殊的打法，也需要提前做好心理建设，针对各种情况提前做好准备，可以使用一些更加强有力的、较为特别的打法。即使对手表现比自己好或是打出特别好的一局使自己失利，也要敢于接受，但只要坚持并顽强地顶住压力，就会有获胜的希望。

（5）关键比分时的心理

①"第一分球"的打法

在网球比赛中，由于第一分球采取什么样的打法也是非常重要的，因此，要注意在最开始就形成正确的比赛习惯，养成正确的第一分球习惯打法。在对手发球的时候，要尽可能地破发，以动摇对手的信心。在比赛中不管是发球还是接发球，第一分都是至关重要的一分，要做好充分的心理准备。如果获得了第一分，那么这一局获胜的可能性就会增大一些，因此，网球选手应该重视第一分球，打好第一分球。

②"30 比 30"的打法

网球比赛中，30 比 30 的比分是非常常见的，这个时候比赛双方的心理都会紧张。优秀网球选手在出现 30 比 30 的比分时会鼓励自己接发球不失误并力争赢得这一分。如果首先赢得一分就会打破比赛的均势，在心理上占据比较大的优势。如果 30 比 30 时己方发球，不仅要做到一发发在界内，而且不要做出不同的发球动作，要坚持自己正常的技战术打法。

③"30 比 40"的打法

30 比 40 是一个关键的比分，意味着再得一分就会取得本局或者本盘的胜利。如果局面是处于自己接发球的位置，那么要想摆脱落后的局面，就需要努力破发球。很多运动员迫于心理的压力，急于将比分扳平而采取不同于以往的技战术打法，从而此会发生不必要的失误，这个时候应该坚持可以打破比分的相同接发球。在比赛中，击球一定要有目标，如果对手将球发到正手就需要打斜线，要是发到反手就需要打直线。如果出现接发球效果不好的情况，可以偶尔试一下高球，也可以试一试打不同球。如果在 30 比 40 时是自己的发球局，那么要坚持自己的战术和打法，不要随意改变。对底线打法的选手应该在发球的时候采取中速发球，争取在底线得分；对于发球上网的选手，在发球后应该争取主动，进入场内。

④"40 比 30"的打法

40 比 30 己方发球时，不要因急于拿下比赛而产生冲动心理。这时可以采取混合发球的打法，给对手施加压力；另外，对比分也不要想得太多，在进入赛场时就要决定如何去打，这样在比分出现时就知道怎样去控制比赛。

（6）比分领先与落后时的心理

当比分处于领先的时候，一方面，不能产生保守的心理，即想要保持领先，就很容易出现紧张的心理导致击球失误。正确的心理状态应该是一局中有 4 分，要一分分地去拿，这样就不会产生保住领先的保守思想。另一方面，要与之前保持一样的打法，不能随意改变比赛的节奏，去猛冲猛打，"欲速则不达"，越想尽快结束比赛来赢得胜利，越容易出现失误情况，造成失分。

当出现比分落后的时候，对于大多数的运动员而言，在比分出现 1∶4 或 2∶5 的时候，反而没有了压力，在这种情况下，运动员往往会打得比之前要好很多。在面对比分落后的局面时，可以调整自己的心态，在 2∶5 落后时可以这样想，虽然比分落后，但主要是一个接发球局得分的问题，只需要在发球局拿下一分，并且在下局的接发球得分后再得一分就可以扳平比分，成为 5∶5。如果没有在发球局扳回比分，比分变为 2∶6，那么就必须在下一局尽力追平比分。

（二）网球心理素质训练的方法

1. 暗示训练法

（1）暗示训练法的含义

暗示训练也被称为自我暗示训练，主要指的是通过言语刺激来影响人的心理，进而来控制行为的一个过程。在心理学研究中可以明确，自我暗示可以帮助运动员提高自身运动技术和运动动作的成功率和稳定性。如网球运动员在接发球时，信心十足，握拍、挥拍技术动作流畅连贯。具有良好的自我暗示，往往就会取得比较理想的结果。

人可以在任何一种情况下，通过语言这一途径接受暗示和进行自我暗示。言语可以代表外在、内在环境以及一切事物和现象，通过语言来调节人的认知、意志、情感，包括对人的情绪、心境、信心、意志进行调节，以此来改变内脏活动，对体温进行调节和控制，实现对新陈代谢过程的调节。在通常的情况下，内脏活动很难进行控制，只有在生物反馈练习中，可以通过对中枢神经系统的言语刺激加上内脏活动的及时反馈就可以实现对内脏活动的调节和控制。

（2）暗示训练法的运用

暗示训练主要有以下五个重要步骤：

①在一定程度上，语言对情感和行为可以起到决定作用，作为运动员应该对

这一点进行明确认识和理解。由于在网球教学训练中，教师通过一定的语言诱导，可以使学生产生对网球学习的极大乐趣，因此高校网球教师要充分利用好这个条件。

②确定网球运动中经常出现的消极想法并加以消除。在网球比赛中，经常会遇到突发状况或者不利于自己的局面，这时运动员就会出现消极想法，这是正常现象。学生自身所采取的措施就是采取积极的措施加以消除，运用好自我暗示，增强自信心，力争打好接下来的每一分球。高校体育教师在网球教学时也要随时找出学生的消极想法并予以消除。

③确定取代这种消极想法的积极提示语。运动员可以在卡片上写上各个步骤的内容，每一张卡片只有一个内容，有多少消极的内容和心理就写相应数量的卡片。在卡片的正面是所表现出的消极想法，在卡片的背面是对这种消极的想法的剖析和对此消极想法的认识，在最下方写上应对消极想法的积极提示语。

填写卡片时要注意以下几点：

第一，训练和比赛时要多考虑比赛的过程，少考虑结果。在比赛过程中常运用的提示语有：发别的落点、打旋转球、发球上网、打快球等；结果性的提示语有：胜利、赢得本局或本盘等。

第二，在填写提示语时，要仔细认真。

第三，所写的提示语要具有针对性，要具体化，所使用的词语应该是积极的词语。

第四，当遇到问题的时候，如果产生了消极的想法就需要及时地采取措施加以消除，如果没有，就不需要非得找到一个消极想法。

④对提示语不断重复，对重复的时间可以视具体的情况而定。

⑤不断重复和定时检查，可以在生活中举一反三，面对困难要积极解决，乐观面对。

2. 模拟训练法

（1）模拟训练的含义

模拟训练，指的是针对比赛中可能出现的情况和遇到的问题进行反复练习的模拟实战，模拟训练的主要目的在于使运动员可以应对各种比赛条件，在不同的比赛情境中保证战术水平可以得到有效的发挥。

适应是模拟训练的核心思想，模拟训练的主要作用在于帮助运动员适应不同比赛的能力，帮助运动员在头脑中建立起科学的、合理的动力定型结构，保证在不断变化的比赛中正常发挥自身的战术水平。

模拟训练主要分为两大类，一是实景模拟，二是语言、图像模拟。

①实景模拟

实景模拟主要指的是运动员在设置好的条件和情境下进行训练，主要包括：模拟对手可能采用的技术、使用的战术；比赛中可能出现的一些意外的情况，如场地、天气、观众的行为等方面的问题。

②语言、图像模拟

语言、图像的模拟主要指的是利用语言和图像对比赛的情境进行描述。比如，对裁判误判的描述、对自身和对手行为的描述。可以通过录像和电影、录音等形式对对手的特征进行描述，营造比赛的氛围，帮助运动员适应比赛的情景。

（2）模拟训练的方法

运用模拟训练方法时，要将运动员本身的特点同比赛的具体实际情况相结合，以下是三种常用的模拟训练的方法：

①不同比赛对手的模拟

不同的对手都有不同的技战术特点、比赛风格等，在训练时，可以让队友扮演对手的各种活动，以更深入地了解对手的特征，演习各种有效的对策，从而为正式比赛打下良好的基础。

②错判与误判模拟

网球比赛中时常会遇到错判与误判，这是正常的，通过在训练中对错判与误判的模拟，可以帮助运动员将精力集中在自己技战术水平的充分发挥上，而忽略如裁判错判、误判这些难以控制的事情。

③模拟观众对比赛的影响

网球是一项绅士运动，但在比赛时，在现场也会出现激烈的加油声与非常激烈的表情和动作，这些会对运动员比赛造成非常大的干扰，形成很大的压力。在这样的情况下，任何运动员都会感到激动和紧张，通过在模拟训练中组织一些观众，有意识地给运动员制造一定的困难，有助于减少运动员在实际比赛时的应激反应，有助于运动员对比赛的掌控。

3. 表象训练法

（1）表象训练的含义

表象训练主要指的是头脑在暗示语的指导下对某种运动动作或者情景进行反复想象，以此来提高运动的战术能力和水平的过程，是心理技能训练中的核心环节。进行表象训练主要有如下作用：一是对正确动作的动力定型进行建立和巩固；二是提升动作的熟练度；三是加深对动作的记忆；四是给予运动员成功的动作表象体验，可以起到动员的作用；五是坚定运动员必胜的信心和信念，帮助运动员达到最佳的竞技状态等。

表象训练的主要依据是念动现象以及心理神经肌肉的有关理论。念动是指当生一种动作表象时，总会引起神经冲动，这时大脑的神经中枢就会兴奋，这种兴奋会引起相应肌肉进行难以察觉的动作。在心理神经肌肉理论中认为在人脑中，运动中枢与骨骼肌之间存在一种双向的神经联系，当人主动想象自己在做一项运动动作的时候，就会引起相关的运动中枢神经兴奋，这种兴奋会经过神经传到相关的肌肉，这就会引起一些很难察觉的运动动作。

（2）表象训练法的运用

①建立动觉表象

只有经过一定的步骤和遵循一定的规律才能建立动觉表象。第一，在教授新动作的时候，网球教师需要进行正确的示范，只有这样运动员才能对完整的动作形象进行感知；第二，鼓励运动员对示范动作进行想象，从而建立起比较清晰和明确的视觉表象；第三，运动员通过实际的动作进行练习，从而对运动动作的肌肉运动表象进行完善。视觉表象与运动表象这二者之间有着非常紧密的联系，运动表象的前提是视觉表象，运动动作由运动表象来进行指导。在进行教学的时候，网球教师需要以视觉表象为基础，重点关注和提高学生学习相关技术动作的动觉表象。为了使视觉表象的质量得到提高，学生可以使用不用的器械进行练习，对完整的动作进行分解，并分成几个部分分别进行，以此为基础建立分化知觉，使之成为动觉表象的基础。

②运用语言提示

在形成和完善动作表象的过程中，语言在其中起到了强化和集中的作用。网球教师在进行教学的过程中，要尽可能选择简练的语言对技术动作的特点进行说明，并且要求学生使用同样的语言记忆，通过语言来加深和巩固动作表象。

第五章 大学生网球运动身体素质训练

身体训练是运用各种身体练习以有效地影响人体各组织、器官机能状态、代谢水平及形态机构，从而达到提高竞技能力的目的。身体素质是网球运动员机能的综合体现，本章将从力量素质训练、速度素质训练、耐力素质训练、柔韧素质训练、协调素质训练五个方面，对大学生网球运动身体素质训练进行阐述。

第一节 力量素质训练

一、力量素质概述

（一）力量素质的概念

不同年龄的人们的力量不同，随着年龄的增长，人们的力量虽然会逐渐减小，但是通过力量素质训练却可以有效减少年龄增长对力量的影响。体能的构成要素之一是力量素质，同时力量素质也是决定运动成绩的重要基础性因素之一，和其他运动素质有着十分紧密的联系。力量素质，一方面是掌握运动技术的重要前提和保证，另一方面也是快速提高人们体能水平以及夺取比赛最终胜利的关键保证和前提。因此，当代竞技运动水平的持续、快速发展，不仅和人们对力量素质训练理论与方法的进一步完善有着比较密切的关系，同时还和人们对力量素质认识的不断深化，有着密不可分的关联。

在通常情况下，大部分专门从事训练学研究的专家，将肌肉力量定义为人体在动作的过程当中，充分依靠肌肉收缩克服或者对抗阻力的能力。从生物力学原理的角度来看，当人体各个部分相互之间作用的时候，人体内部会产生一种力，此种力对人体来说就是"内力"。人体内力主要包括以下三种：一是组织的阻力，二是运动环节之间的反作用力，三是肌肉拉力。其中，一切内力中的主动力是肌肉拉力，并且肌肉拉力也是运动的重要动力源泉。

（二）力量素质的分类

按照不同的分类标准，可以将力量素质分为不同的类型。

第一，从运动专项和力量素质两者之间的关系来看，可以将其分成两种不同的类型：一是专项力量素质，二是一般力量素质。专项力量素质主要指的是运动员在训练时专项运动技术所需要的特殊力量素质。一般力量素质主要指的是运动员在训练的过程当中，为了快速适应此类的身体练习或者训练，保证一般训练可以顺利进行所需要的相关力量素质。

第二，从运动员体重和力量素质两者之间的关系来看，可以将其分成两种不同的类型：一是绝对力量，二是相对力量。绝对力量主要指的是人体肌肉当中可以表现出来的最大可能的力量潜力的总和；相对力量是指个体能够相对于自身体重施加的最大力量，它的值等于绝对力量除以自己体重（身体某一部位的重量）。

第三，从各种不相同体育活动类型所需不同的力量素质来看，可以将其分成三种不同的类型：一是快速力量，二是最大力量，三是力量耐力。快速力量主要指的是人体肌肉尽可能和尽快的将力量发挥出来的能力；最大力主要指的是人体肌肉在通过最大收缩抵抗后，无法克服阻力的过程当中表现出来的最高力值；力量耐力主要指的是人体肌肉的动力性或者精力性的工作形式在抵抗大负荷过程中抵抗疲惫的相关能力。

（三）开展网球力量素质训练的意义

实际上，在网球运动的过程当中进行适当的力量素质训练，一方面不仅可以快速提高运动员全身的肌肉力量，还可以增加骨密度，另一方面对于快速纠正网球运动单侧性导致的肌肉不平衡，同样有着十分重要的作用。不管性别、年龄大小和初始的体能状态，人们在经过一定的力量素质训练以后，力量就会得到大幅度的快速提升。运动员通过快速增加耐力和肌肉力量后，即便在比赛结束的时候，也可以像最开始那样在运动场地中快速移动。除此之外，网球运动也需要运动员具有一定的速度爆发力，运动员的力量越大，反应的速度也就越快，从而可以更加轻松地进行快速移动。运动员产生有爆发力的移动就能够快速到达相应的位置，并提前做好准备，击出更加有威力的球，并且爆发力可以使运动员在击球的时候速度更快，将球击得更快、更远。

运动员进行适当的力量素质训练后，会具有一定的力量基础，除了可以在运动场地中自由的移动，打出更好、更快的球之外，还可以使身体结构和身体功能上的不对称性得到大幅度的减小，从而使运动员最大限度地减少和避免伤病的困扰。

二、网球运动员力量素质的特点和训练要求

（一）网球运动员力量素质的特点

力量是网球运动员的重要身体素质之一。在网球比赛中，有力的抽球，凶猛的高压球，都需要运动员拥有良好的力量素质。由于各种技术、战术在网球的实战当中，实际上是由人体全身协调用力的动作最终完成的，因此非常有必要协调发展全身各个部分的肌肉力量。在高速度的网球比赛当中，运动员只有用强劲的肌肉力量做重要保证，才可以将更加高超的技术、战术发挥出来。

网球运动员的力量特点，在大多数情况下是以爆发力为主的非周期性肌肉活动之一。运动员在全世界最顶尖水平的网球比赛当中，只需要 15 秒就可以完成 10 个来回球，并且运动员平均每得一分会有 4 次变线。众所周知，运动员在网球运动场所上的运动空间是非常有限的，冲刺的距离在 2.5～6 米之间，所以对网球运动员来说，无论是速度爆发力还是启动爆发力都非常重要。因为网球运动员的肢体重力与克服球两者之间的关系是恒定的。运动员在完成各种不相同移动动作以及击球动作的过程当中，实际上是在某种特定符合条件下表现出来的最大速度、力量、耐力以及最大动作速度力量。

（二）网球运动员力量素质训练的要求

在网球运动当中，主要的力量素质有两种：一是力量耐力，二是速度力量。网球运动当中最为重要的一个专项素质就是爆发力，并且很多网球运动的技术动作均需要具有一定的爆发力才可以完成，如发球不仅需要一定的上肢爆发力，还需要相应的腰背爆发力；网球运动员做出的各种移动动作需要具有一定的腿部爆发力。肌肉的收缩速度以及肌肉的力量是影响爆发力发展的两个主要因素。因此，

提高肌肉的收缩速度以及增强肌肉的力量都可以快速增加网球运动员的爆发力。力量同时也是肌肉耐力的一个重要因素。网球运动员的力量素质还能在很大程度上促进运动员灵敏素质的发展，这是因为适宜的力量能够使运动员更好地控制和操纵自己的身体。可见，网球运动员的力量素质是其他身体素质的基础。在训练过程中，网球运动员的力量素质应着重上肢、下肢和腰腹力量的训练与发展。

肌肉的爆发性力量对一名优秀是网球运动员而言是必须发展的重要和关键素质，尤其是腰腹部、背部的屈伸力，以及手臂、髋、膝方面的爆发力。同时训练中还要根据个人的基础，全面发展全身的各部位肌肉，发展绝对力量和速度力量。遵照循序渐进的原则，对青少年网球选手而言，应以发展基本力量为主，网球专项运动员应该将积极发展专项力量作为主要的训练，以便更快、更好地实现增强肌肉爆发力以及力量的重要目的。

三、网球运动员的力量素质训练

（一）发展一般力量素质的训练

1. 腰腹力量训练

（1）运动员肩负杠铃或手提杠铃做上体屈伸、左右转体、体侧屈训练。

（2）运动员做"元宝"收腹或仰卧起坐训练。

（3）运动员在凳上做仰卧起坐或俯卧体后屈训练，训练时一人扶脚。

（4）运动员在斜板上连续快速做仰卧起坐训练。

（5）运动员做单杠或肋木上举腿训练。

（6）运动员在沙地跳起抱腿，使大腿紧贴胸部训练。

（7）运动员坐地双脚夹实心球，做举腿或绕环训练。

（8）运动员双脚夹实心球跳起，将球向前上抛或背后上方抛训练。

2. 上肢力量训练

（1）运动员手持哑铃或轻杠铃片做腕屈伸，腕绕环，手上举、侧举、前平举或侧平举训练。

（2）运动员手持哑铃或杠铃片做仰卧扩胸或俯卧扩胸训练。

（3）运动员采用站姿或坐姿持杠铃做前推举、头后推举、肩后臂屈伸训练。

（4）运动员从体前屈提铃到胸前或做划船动作训练。

（5）运动员做单杠正、反握引体向上训练。

（6）运动员做双杠支撑上推训练。

（7）运动员做俯卧撑、击掌俯卧撑训练。

3. 下肢力量训练

（1）运动员做负重连续快速提踵静力训练（提踵持续一段时间）。

（2）运动员做负轻杠铃半蹲跳、全蹲跳、弓步前进或左右脚交替上板凳训练。

（3）运动员做负大重量杠铃稍蹲起、半蹲起或全蹲起训练。

（4）运动员做脚挂哑铃小腿屈伸训练。

（5）运动员双手提哑铃在两板凳上做蹲起跳训练。

（6）两名运动员一组，其中一名骑在同伴肩上做负重深蹲起训练。

（7）运动员在沙地上两手抱头后做连续深蹲跳训练。

（8）运动员做持续站桩静力训练。

（9）运动员采用坐姿或仰卧在训练器上做双脚蹬杠铃训练。

（二）发展专项力量素质的训练

1. 哑铃训练

哑铃训练在网球运动员专项力量素质训练的时候，主要是发展运动员的上肢力量，从而使运动员的上肢力量得到一定的增强。从网球运动的实践过程可以发现，运动员的上肢力量在网球运动中起着决定性的作用。

（1）哑铃屈肘旋臂训练

网球运动员身体立正，两脚开立的宽度稍微大于肩膀，左手和右手持哑铃垂直于身体的两侧，左手和右手同时做出内旋动作与外旋动作。网球运动员在训练的过程中还能够变换训练的方法与手段，如左手臂和右手臂相互之间交叉做内外旋，哑铃屈肘旋臂训练可以快速增强与发展网球运动员手臂的旋力，在网球活动中对运动员快速改变球的路线起到十分重要的关键性作用。

（2）仰卧哑铃头上胸前举训练

运动员在长条凳上仰卧，左臂和右臂弯曲的度数保持相同，并且和肩同宽，同时放在头上方，左手和右手的手心相对持哑铃。左臂和右臂从头上逐渐向胸部上方举起，一直到左臂和右臂伸直，并且进行反复操作。运动员在上举的过程当中，左臂和右臂同时内旋，还原的时候左臂和右臂同时外旋。仰卧哑铃头上胸前举训练可以快速发展和提升网球运动员的上臂力量，有助于运动员在挥拍的过程中做出更加大力的挥拍，无论是对运动员的发球，还是对球员的大力扣杀都有着十分重要的作用。

（3）仰卧哑铃飞鸟训练

运动员在长条凳上仰卧，左手和右手持哑铃垂直于身体的左右两侧，左臂和右臂从身体左右两侧缓慢举至胸前上方，进行反复的练习。运动员在上举的过程当中可以加上举和下落的时候分别加上内旋和外旋。仰卧哑铃飞鸟训练可以增加运动员上臂内收的力量，不仅有利于运动员在侧身击球的时候有效配合手腕的力量，而且运动员在击球的时候使旋球的速度进一步增加。

（4）俯卧哑铃飞鸟训练

运动员在比较高的长条凳上俯卧，左手和右手分别持哑铃保持自然垂直，左臂和右臂最大幅度地外展，反复练习，做出来的动作和"飞鸟"类似。运动员在外展的过程当中，左臂和右臂能够有意识地进行外旋。俯卧哑铃飞鸟训练可以使运动员击打反手球的力量得到较大幅度的增加。

（5）旋臂外举训练

运动员身体立正，两脚开立的宽度稍微大于肩膀，左手和右手持哑铃手心朝下的同时屈膝，将哑铃放置在上腹前，左臂和右臂相互交替做旋臂外举的动作。旋臂外举训练可以使运动员打击反手球的力量得到进一步的增强与发展。除此之外，运动员手臂的上举和外旋能够使反手球的上旋得到相应的增加。

2.杠铃训练

从训练效果的层面来看，杠铃训练除了用于发展运动员全身协调用力的能力之外，还用于增强与发展运动员躯干力量和下肢力量。杠铃训练的方法有很多，本节主要采用分组的形式，同时搭配不同的方法，介绍了以下两组训练方法：

（1）第一组训练

①直立颈后臂弯举训练

运动员身体立正两脚开立，左手和右手将杠铃反握，屈臂把杠铃放置于颈后，并将肘关节作为轴心，进行反复的屈伸练习。运动员练习直立颈后臂弯曲可以使该部位的肌肉力量得到增强和发展，同时快速提高运动员动作的隐蔽性。在动作较小的情况下，击打出的球不仅角度大，力量还很大。

②俯身提拉训练

运动员身体立正两脚开立，左手和右手将杠铃正握的同时，腰部收紧保持紧张，控制协调好下肢与腰部使身体保持稳定，抬头向前看，左臂和右臂贴胸向上拉的时候保持相同相同的速度，之后缓慢下落，进行反复的练习操作。俯身提拉训练不仅可以增强与发展运动员三角肌后束肌肉，也可以发展运动员的背阔肌，使大臂反手用力的能力得到快速的提升。

③俯卧提拉训练

运动员在长条凳上俯卧，把杠铃放在长凳下方合适的位置，上下提拉，并且进行反复地练习。俯卧提拉训练同样也可以使运动员的三角肌后束肌肉以及背阔肌得到增强与发展，使运动员在大臂反手用力方面的能力得到进一步的提升。

④直立体前直臂上举训练

运动员身体立正两脚开立，左手和右手正握持杠铃于体前，并且直臂把杠铃举到头部的上方，进行反复的练习。此项训练可以发展运动员的三角肌后束肌肉以及背阔肌，在快速提高运动员大臂反手用力能力的同时，还能够在一定程度上使运动员在反手扣杀方面的能力得到相应的提升。

⑤仰卧绕头胸上举训练

运动员在长条凳上仰卧，左手和右手持杠铃于头部后面，缓慢屈臂向上置于胸前，向胸部上方举起，左臂和右臂伸直，之后还原，进行多次的反复训练。此项训练可以发展运动员的三角肌前束肌肉以及背阔肌，使运动员在向下扣杀方面能力得到大幅度提高的同时，大臂正手方面的能力也得到快速提高。

（2）第二组训练

①杠铃负重蹲跳训练

运动员左脚和右脚站立的时候保持适当的距离，左手和右手正握杠铃，把杠铃放置在颈部后面的位置，挺起胸部的同时拔腰。运动员身体上面的部分保持一种比较非常稳定的姿态，缓慢下蹲，对双膝半屈半伸的重要作用力进行充分的利用，尽最大的可能高地跳起，运动员在落地的同时依旧保持半屈膝的姿态，并且进行反复的训练。杠铃负重蹲跳训练可以使运动员下肢的爆发力得到很好的锻炼和发展，不仅对运动员在网球运动中的突然起动的动作十分有利，对运动员的起跳动作同样也十分有利。

②杠铃弓步走训练

左手和右手正握杠铃，把杠铃放置在颈部后面的位置，挺起胸部的同时拔腰呈大弓步状态，运动员在向前跨步的时候，尽可能用自己最大的力量向前迈步，髋关节和地面之间的距离越近越好。杠铃弓步走训练对发展髋关节是极为有利的。

③杠铃负重提踵训练

运动员左脚和右脚站立的时候拉开一定的距离，左手和右手正握杠铃，把杠铃放置在颈部后面的位置，挺起胸部的同时拔腰，反复屈伸训练踝关节。运动员在训练的过程中膝关节能够微微地屈伸，与踝关节形成有效的配合。杠铃负重提踵训练可以使运动员的弹跳能力得到快速的提升。

④提杠铃训练

运动员把杠铃放在身体前面的空地上，左脚和右脚站立的时候拉开一定的距离，自然开立，下蹲的同时左手和右手正握杠铃，做到挺起胸部的同时拔腰。运动员在左腿和右腿都伸直以后，把杠铃提起，保持直立状态，之后把杠铃继续向上提起，直至头部上方提杠铃。提杠铃训练可以使运动员身体协调用力的能力得到进一步的提升。

3. 壶铃训练

采用这种训练方式训练时，应注意可以将壶铃训练与哑铃、杠铃训练结合起来进行。

（1）坐姿双臂肩上弯举训练

运动员用一手扶住一个固定物体，之后俯身单臂将壶铃缓慢移动到身体另一侧的脚处，单臂旋转的同时进行提拉运动。坐姿双臂肩上弯举训练可以使运动员的腰背部肌肉、臂部肌肉以及肩背肌肉得到一定的增强与发展，同时也可以在一定程度上面使运动员腰部和臂部之间的协调能力得到发展。

（2）转体抛铃训练

运动员坐在凳子或者椅子上，左臂和右臂分别持壶铃于肩膀上弯曲。需要注意的是，运动员需要对大臂进行一定的控制，手心保持朝上的姿态，小臂做上下持铃的运动。除此之外，运动员不仅可以做左臂和右臂相互交换的运动，也可以做单臂运动。转体抛铃训练一方面可以使运动员腕部的控制能力得到发展，另一方面也可以使运动员的小臂挥摆能力得到相应的增强与发展。

（3）弓身单手提拉壶铃训练

运动员左脚和右脚站立的时候保持适当的距离，上体前屈，将左臂和右臂伸直手持壶铃将其放置在右脚尖前面的位置，左臂和右臂共同发力，向左上的方向进行抛甩，之后还原，进行多次的反复训练。需要注意的是，运动员在向左上方抛甩的时候不可以把壶铃抛出去。通过弓身单手提拉壶铃训练可以使其在击球方面的相关能力得到快速的增强与发展。

（4）壶铃蹲跳训练

运动员身体保持半蹲的稳定姿态，左手和右手共同将壶铃握住之后，伸膝展体，并且在地面用力的屈足蹬地，让身体自然的垂直跳起。这项训练能够提升运动员的弹跳力。

4. 拉力器训练

（1）体前开胸拉训练

运动员左手和右手分别握住拉力器的手柄，左臂和右臂保持不弯曲的状态做最大幅度的开胸拉，之后缓慢还原防止受伤，进行多次的反复运动。体前开胸拉训练可以使运动员在反手用力方面的能力得到进一步的增强与发展。

（2）体侧合胸拉训练

运动员背对拉力器，手臂保持不弯曲的状态，向前拉之后缓慢还原，防止意外受伤，进行多次的反复运动。体侧合胸拉训练可以在一定程度上使运动员在正手用力方面的能力得到相应的发展和提升。

（3）体前下拉训练

运动员将身体处于拉力器下方的位置，屈臂握住拉力器的同时缓慢向下拉，一直到左臂和右臂都是直臂状态，之后缓慢还原防止意外受伤，进行多次的反复性训练，体前下拉训练可以使运动员手臂下压的能力得到相应的发展与提升。

5. 挥拍训练

挥拍训练，主要指的是运动员在挥拍训练的过程中把拍套带在球拍上，通过进一步增加运动员挥拍时的阻力，使运动员挥拍时手臂力量以及身体力量得到提高。

6. 拉橡皮筋训练

拉橡皮筋训练，主要指的是运动员在训练的过程当中，对橡皮筋或者拉力器进行充分的利用，按照相应的正确网球技术模仿正手击球挥拍动作、反手击球挥拍动作以及发球挥拍动作，使运动员击球时手臂力量和身体力量得到快速的增加。

7. 斜板与垫上训练

（1）斜板仰卧起坐训练

运动员在斜板上头部朝下仰卧，对下肢进行固定，左手和右手相互交叉在头部后面的位置，之后抱头抬起上体，尽自己最大的可能缩短头部和脚部之间的距离。为了进一步增加难度，网球运动员在抬起上体的时候可以再加上转体，用抱头的肘尖，尽自己最大的可能缩短和身体另一侧脚部之间的距离，左转体和右转体相互交叉进行运动。

（2）斜板收腹举腿训练

运动员在斜板上头部朝上仰卧，对上肢进行充分的固定，收腹之后最大限度地将下肢举起。为了进一步增加难度，网球运动员在抬起下肢的时候可以再加上转体，左转体和右转体相互交叉反复地多次进行运动。

（3）垫上两头起训练

运动员在斜板上头部朝上仰卧，对上肢进行最大程度的伸展。用力收腹，手臂与腿部同时伸直，让伸直的腿部和手在收紧的腹前上方的位置相互接触，进行多次的反复练习。

第二节　速度素质训练

一、速度素质概述

（一）速度素质的概念

速度主要指的是人体或者某一部位快速运动的相关能力。速度一方面除了包括快速完成动作的能力之外，还包括快速通过某一距离的相关能力，另一方面也包括对各种刺激快速产生反应的重要能力。众所周知，运动员的一项基本素质就是速度，它不仅在体能训练当中具有十分重要的作用，同时还占有极为重要的地位，不可忽视。

（二）速度素质的分类

1. 反应速度

反应速度，主要指的是人类身体对声、光等各种信号刺激所产生的快速应答能力。在大多数情况下，反应时的长短和人们注意的方向性存在一定的关系，也和刺激信号的强弱度有关。在所有影响反应速度的因素当中，遗传因素占比非常大，高达 75% 以上。运动员后期对反应速度的训练也只是将受遗传因素决定的反应速度充分地表现出来，同时使其更加稳定。

2. 动作速度

动作速度，主要指的是人体或某一部分完成单个或者成套动作的相关能力。在大多数情况下，用时间的长或短对其进行表示。衡量动作的速度还能够通过限定单位时间内，运动员完成标准动作的数量，在单位时间内运动员做的标准动作数量越多，则表示动作速度越快；相反，在单位时间内运动员做的标准动作数量越少，则表示动作的速度也就越慢。动作速度在技术动作当中分为两种完全不相同的类型，一是角速度，二是瞬时速度。

3. 移动速度

移动速度作为速度素质中的一类，主要指的是在周期性运动中，人体在某一特定的单位时间内快速位移的相关能力。在大多数情况下，在体育运动中，移动速度的表现方式通常是人体通过某一固定距离用到的具体时间。

（三）开展网球运动员速度训练的意义

网球运动是快节奏的运动之一。网球选手在网球场上面对选手打过来的每一个球，无论是速度、类型还是旋转都是不相同的，同时也存在一定的可能出现在网球运动场地上各个不同地方。网球运动不仅要求网球运动员经常性的改变方向，还要求运动员可以向各个不同的方向做到快速运动，做到急起和急停的同时保持身体的平衡，并且将对手打过来的球有效、快速地回击过去。由此可见，在网球运动中速度素质是非常重要、不可缺少的。部分运动员虽然天生的速度很快，但任何运动员均可以通过训练神经系统以及肌肉，使速度得到快速提升。因此，对网球运动员开展各种与速度素质相关的训练，对运动员网球技战术的进一步完美化发挥有着极为重要的促进和推动作用。

二、网球运动员速度素质的特点和训练要求

（一）网球运动员速度素质的特点

网球比赛中运动员通过快速地跑动，及时地到位，才能回击各种来球。网球运动员击球动作的重要和关键调节时快速的跑动。因此，决定网球运动员击球效果的关键因素就是速度的快与慢，球速越快要求跑动的速度也越快。速度素质越好，神经的灵活性也就越高，对各种来球就能产生快速、协调、准确的反应。对网球运动员来说，发展速度素质是非常重要的。

（二）网球运动员速度素质训练的要求

动作速度在网球运动当中和很多因素有着十分紧密的关系，如力量、耐力等，尤其是爆发力，它是影响动作速度发展的主要因素。网球场上的运动大多数是短距离的移动，而且是从跑动中改变方向的移动，所以在提高网球运动员的速度素质时，应着重提高运动员的反应速度和动作速度。

三、网球运动员的速度素质训练

（一）发展一般速度素质的训练

1.反应速度训练

（1）运动员做原地小步跑、后踢腿跑或高抬腿跑训练，训练时看手势（听声音）快速跑。

（2）运动员行进间小步跑、后踢腿跑或高抬腿跑训练，训练时看手势（听声音）突然加速跑。

（3）运动员行进间后退跑训练，训练时看手势（听声音）突然转体向前加速跑。

（4）运动员行进间小步跑训练，训练时看手势（听声音）变后踢腿跑，再变高抬腿跑，最后冲刺跑。

（5）运动员行进间看手势（听声音）多次往返折回跑训练。

（6）运动员看手势连续做前后左右快速变向移动训练。

2. 动作速度训练

（1）运动员做原地徒手挥臂击打高点树叶训练。

（2）运动员手持轻杠铃片连续快速做正反击球挥臂动作训练。

（3）运动员原地对墙以高压球挥臂动作做扔垒球、网球等训练。

3. 移动速度训练

（1）运动员做 30 米、50 米反复跑，100 米变速跑训练。

（2）运动员做斜坡向上或向下冲刺跑训练。

（3）运动员做原地快速高抬腿跑训练。

（4）运动员做各种移动步法连续快速训练。

（5）运动员做场内往返移动训练。

（二）发展专项速度素质的训练

网球运动员在实际的网球比赛当中，完成技战术的重要条件是速度素质。网球运动员的专项速度训练主要包括三项训练，一是移动速度，二是动作速度，三是反应速度。主要包括以下几项训练：

（1）运动员在一侧球场中间，面对球网。左右并步移动。

（2）运动员做 20～30 米短距离加速跑训练。

（3）运动员做急停，急起跑动训练。

（4）根据信号反应训练：网球运动员在训练的过程当中，充分按照同伴发出的一系列手势、口令或者哨音，向各个不同的方向快速移动，从而使自身的反应速度得到全面的提升。

（5）五球移动训练：将五个网球放在网球场双打边线外 2 米的位置，网球运动员同样站在双打边线 2 米之外的位置。当网球教练发出口令之后，网球运动员立即从地上拿起网球，快速冲刺到最近的边线，将网球放在指定的位置后，快速移动回去，拿第二只网球冲刺到下一条边线上，同样将网球放在指定的位置，重复相同的动作，直至把五个网球都放在不同的边线上，并且用计时的方式完成此项训练。在进行该训练时要注意，训练过程中要求运动员在快速地移动中变换方向。

（6）交叉步跑训练：网球运动员站在网球场左侧或右侧中间的位置，和网球面对面，采取前后、左右交叉步跑的训练。

第三节 耐力素质训练

一、耐力素质概述

（一）耐力素质的概念

耐力素质，主要指的是克服机体在长时间工作当中产生疲劳的相关能力。运动员因为长时间活动导致身体机能或者工作能力出现暂时性降低的现象，通常称为疲劳，其中工作比较困难或者无法完全按照以前的强度进行相关工作是其主要表现。运动员虽然在此时完成工作比较困难，但是因为有着顽强的意志，依旧可以在相应的时间之内保持前一段工作时候的强度，此时运动员属于补偿性疲劳阶段。运动员虽然在主观意志上依旧想克服体力上已经产生的紧张，但依旧无法保持前一段工作时的强度，工作强度依旧呈降低的趋势，运动员在此时属于补偿性失调的疲劳阶段。

（二）耐力素质的分类

根据不同的标准，耐力素质可分为以下类型：

（1）根据活动持续时间可将耐力分为短时间耐力、中等时间耐力和长时间耐力。短时间耐力，大多数情况下主要指的是时间持续在 45 秒至 2 分钟运行项目需要的耐力。中等时间耐力，主要指的是时间持续在 2 分钟至 8 分钟运动项目需要的耐力，和长时间耐力项目比较，中等时间耐力的强度较高。长时间耐力指的是持续时间超过 8 分钟的运动项目所需要的耐力。

（2）根据氧代谢特征可将耐力分为有氧耐力和无氧耐力，分别指的是在氧气供应充足或不充足的情况下，机体坚持工作的能力。从效果的层面上来看，运动员进行有氧耐力训练可以使机体输送氧气的能力得到快速提升的同时，使机体的新陈代谢得到相应的促进，为运动员以后快速提高运动负荷提供了十分重要的前提条件。运动员进行无氧训练可以在一定程度上使机体承受氧气的相关能力得到相应的提升与发展。

（3）按照专项活动的关系，能将耐力分成两种不同的类型，一是专项耐力，二是一般耐力。其中，前者主要指的是运动员有机体，为了可以快速获取专项的成绩，对机体的能力进行最大限度的动员与发挥，在进行专项训练负荷的过程当中，克服较长时间所产生疲劳的重要能力；后者主要指的是运动员在训练过程当中其机体各个器官的系统机能克服疲劳的综合能力，同时一般耐力也是专项耐力的重要基础。

（4）根据运动员肌群数量（身体活动部位）可将耐力分为局部耐力和全身耐力。局部耐力主要指运动员的局部身体部位在长时间的身体活动中克服疲劳的能力。全身耐力主要指运动员在竞赛或者训练过程当中，整个身体机能克服疲劳的相关综合能力。

（三）开展网球耐力素质训练的意义

用健康的体魄去打球，而不是通过网球来获得健康的体魄，这是在网球场上避免受伤的一条良好建议。生理学研究表明，久坐的人有氧运动能力每 10 年下降 10%。通过网球耐力素质训练，能够达到有氧运动能力每 20 年只降低 5%。可见，开展网球耐力素质训练能在很大程度上提高运动员的体魄，使其更加健康，也能避免由于网球运动而引起的运动损伤。

此外，在网球运动中，即使是在红土场地上，大多数得分都在 10 秒以内，而在硬土地，两名实力相当的运动员平均每次得分都是在 5 秒以内。在这段时间内，运动员还要注意四周的变化，每一次这样短时间的爆发运动都需要运动员的耐力素质做支撑。除此之外，在网球比赛中，每得一分之间都会有 25 秒的休息间隔，每一局之间有 90 秒的休息时间，如果运动员的耐力素质较弱，那么就很容易感到疲劳。大多数情况下网球比赛持续的时间都比较长，因此对网球运动员在耐力方面的素质要求也就更高。综上所述，进行耐力素质训练在网球运动中是十分重要的。

二、网球运动员耐力素质的特点和训练要求

（一）网球运动员耐力素质的特点

从网球运动的生理学层面来看，网球运动的供能特点对网球运动员耐力素质的特点有着决定性的作用。大多数情况下，网球运动分别是由 70%、20% 以及 10% 的磷酸原供能系统、自糖酵解系统以及有氧代谢供能系统组成的，一场网球比赛时间的长短对网球运动员所需的能量起着决定性作用。

网球运动员在短时间的相互对攻中会出现少量的疲劳征兆，原因在于磷酸原功能系统在间歇时间，或者相互交换比赛场地 90 秒的时间内可以得到快速的有效性恢复。网球选手在较长时间的相互对攻当中，疲劳征兆会逐渐的增加，原因在于网球运动员没有充分的时间得到更好的休息，乳酸的积累越来越多。在一场完整的网球比赛当中，网球运动员在每一个网球动作后的恢复期就会使用有氧代谢功能。实际上，网球运动作为运动项目之一，一方面不仅具有一定的非周期性规则，还是以无氧代谢为主的，另一方面除了无氧与有氧混合供能之外，还大小强度和快慢速度交替进行。

网球运动员在较长时间的网球比赛中想要让竞技状态保持最佳，且将最高的网球技术和战术水平始终如一地充分发挥出来，耐力素质不仅是网球运动员取胜的重要条件，同时也是最为关键的因素。在大多数情况下，运动员虽然可以通过跑步提高心肺功能，同时也可以使腿部力量得到有效的增强，但是网球运动员仅仅通过跑步训练增强耐力素质是无法达到相应需求的。网球运动员在网球比赛当中的移动节奏，大多数情况下是不定向的，并且非常不规律，有跑、跳、走，且速度时快时慢，所以网球运动员除了在一般耐力训练的重要基础上，还需要采用变速跑、走跑跳等综合性与多样性的练习手段来进行耐力素质的有效性训练和锻炼。与此同时，网球运动员还可以把网球技术、战术充分结合起来，进行耐力素质的训练和锻炼，如采取长时间的训练比赛或者综合性技术练习等方式。

（二）网球运动员耐力素质训练的要求

从网球运动特点的角度来看，在长时间的网球比赛当中，网球运动员的位置移动需要有较好的耐力素质，同时连续挥拍的迂回、扣杀等也需要有比较好的耐力，所以网球运动员在发展耐力素质的训练过程当中，应该对力量耐力与速度耐力进行重点的发展。速度耐力和力量耐力分别指的是在较长的一段时间当中，人体可以保持快速运动或者高度用力的相关能力。

三、网球运动员的耐力素质训练

（一）发展一般耐力素质的训练

（1）可将运动员分为 4～6 组，进行 30 米的反复跑。

（2）运动员做 3000 米跑训练。

（3）运动员做越野跑训练。

（4）运动员做跳绳训练：网球运动员通过跳绳训练可以使速度、灵敏等得到很好的锻炼，同时作为一种锻炼手段，对快速发展耐力素质也有很好的效果。例如，运动员通过 3 分钟跳绳法，并且每一分钟跳绳的次数在 80～100 之间，对快速发展和提升耐力素质有着十分重要的作用和意义。

（5）运动员做 12 分钟跑训练：这种训练方式指的是通过对运动员在 12 分钟内跑的距离、跑时的生理负荷的训练，来锻炼运动员的一般耐力素质。开始训练时，运动员可能只达到一般甚至差的水平，但经过一段时间训练，跑步的距离会逐渐地增加，若可以进一步达到良好以上的水平，则网球运动员的耐力素质会得到极为明显的提高。需要注意的是，网球运动员在训练的过程当中其负荷也应该保持在适宜的强度，大多数情况下心率控制在每分钟 140～170 次，大约是可以承受最大强度的 75%～85%。

（6）运动员做 1500 米变速跑训练：直道时全速跑，弯道时慢跑。

（7）运动员做跨步跳训练：在跑道上做计时或计步跨步跳，每组 30 次。

（8）运动员做左、右跨步跳训练：两脚开立，左腿蹬地，右腿向右跨步，然后右腿蹬地，左腿向左跨步，依次连续进行。每组两腿各跨 30 次。

（9）运动员做连续跳高台训练：在楼梯或看台上做双脚连续跳上高台的训练。跳楼梯时每组次数可达到 40 次，跳看台每组 20 次左右。

（10）运动员做变速跑训练，也就是采用各种形式的加速跑和慢跑（或者走）交替进行：加速跑 30 米、慢跑 70 米，共跑 5 组；加速跑 50 米、慢跑 50 米，共跑 5 组；加速跑 100 米、慢跑 50 米，共跑 5 组。

（11）组合训练。可在训练过程中可将 30 米疾跑、30 米侧步交叉跑、30 米小步跑、30 米高抬腿跑组合训练，可将跳起摸高 10 次、变向跑 30 米、蛙跳 15 米组合训练。组合训练一般进行 30 分钟，每周 1～2 次发展耐力素质。

（二）发展专项耐力素质的训练

专项耐力素质主要指的是网球运动员的力量耐力和速度耐力，其中前者主要指的是在较长的一段时间当中，人体保持高度用力的相关能力，后者则主要指的是快速运动的能力。教练员在专门针对网球运动员专项耐力素质训练的过程中，能通过间歇训练的方法促进网球运动员速度耐力的快速发展。除此之外，网球运动员还能通过连续的训练方法发展力量耐力。假如网球运动员在训练的过程当中训练强度比较小，保持在 30%～50% 之间，可采用连续的训练方法；若网球运动员的训练强度比较大，保持在 50%～80% 之间，可采用间歇法。

第四节　柔韧素质训练

一、柔韧素质概述

（一）柔韧素质的概念

韧性素质主要指的是人体各个关节活动范围以及韧带、肌肉等的相关伸展能力。简单来说，就是人体部分关节大幅度完成动作的运用能力。韧性素质主要包括关节活动幅度的大小，以及跨过关节的众多软组织的伸展性，如肌肉、韧带等。关节本身的装置结构对关节的活动幅度起着决定性作用。跨过关节的众多软组织，如肌肉、韧带等，其延展性主要通过训练的方式来获得。

（二）柔韧素质的分类

（1）一般柔韧素质主要指的是网球运动员在训练的过程中，为了让身体快速适应各种不同的训练或者练习，充分保证一般训练可以顺利进行需要的柔韧素质。

（2）专项柔韧素质主要指的是网球运动员的专项运动技术需要的特殊柔韧素质。专项柔韧素质大多数情况下是在一般柔韧素质的相关基础上建立的，并且各专项动作的生物力学结构对其起着十分关键的决定性作用。当网球运动员的韧性素质发展到一定的水平之后，各个关节的运动幅度会远远超过有效完成动作要求的程度，一般情况下将此种超过称为柔韧素质的"储备"。

（3）主动柔韧素质主要指的是网球运动员通过对相应关节周围肌肉群的充分灵活运用，完成大幅度动作的能力。主动柔韧素质一方面涉及培养对柔韧素质有非常直接影响的相关能力，另一方面和力量素质的发展也有着极为紧密的关系，网球运动员力量素质的发展可以快速、有效促进和推动网球运动员主动柔韧素质水平的进一步提升。

（4）被动柔韧素质主要指的是网球运动员在被动用力的过程当中，关节可以达到的最大活动幅度的能力。通常情况下，与网球运动员的主动柔韧素质相比较，被动柔韧素质的指标要高。同时，它也是快速发展网球运动员主动柔韧素质的重要基础。

（三）开展网球柔韧素质训练的意义

柔韧素质是人体的一项重要身体素质，它是运动员学习、掌握和运用战术所必须具备的身体活动能力，网球运动对运动员的柔韧素质有很高的要求。网球运动员在训练的过程当中，采用科学、合理、正确的韧性素质训练，一方面对网球运动员创造优异的运动成绩有着非常重要的意义，另一方面也对进一步快速提升相关运动技术水平也有着极为重要的意义和作用。与此同时，网球运动员在运动当中，有效改进网球运动员技战术的必要基础就是柔韧素质。同时，柔韧素质也是网球运动员网球运动技术水平快速提高的一个基本因素。

若网球运动员在韧性素质方面比较差，则在掌握或者学习网球相关动作技能的时候，进程会变得比较缓慢和复杂，并且也存在着一定的可能，无法学会或者完成比赛动作当中非常重要的关键技术。关节柔韧素质比较差的，还会在一定程度上使网球运动员的力量、速度以及协调能力的充分发挥受到限制，导致肌肉协调性快速下降，工作的过程中会显得比较吃力。同时对其他运动素质的快速发展，也会产生巨大的影响，并且也是肌肉、韧带损伤的主要原因。发展柔韧素质对快速提升网球运动员的网球技术水平有着极为重要的作用，同时还有着非常关键性的意义。

二、网球运动员柔韧素质的特点和训练要求

（一）网球运动员柔韧素质的特点

网球运动所需要的腰、膝、腕等关节活动幅度，以及上肢肌肉、下肢肌肉与韧带的相关伸展能力，是网球运动员柔韧素质最为明显的表现。从理论上来说，由于柔韧素质是人体关节和关节系统的活动范围，因此，网球运动员在柔韧素质方面比较缺乏，就会导致在做某些网球动作的过程当中显得比较僵硬，并且缺少一定的协调性，甚至无法完成漂亮的击球动作。同时良好的柔韧性还可以使网球

运动员伤害事故的发生率得到大幅度的降低。对网球运动员而言，柔韧素质的好坏，能够在很大程度上促进或阻碍运动员对网球技术的掌握和发挥。

（二）网球运动员柔韧素质训练的要求

一般情况下，运动员柔韧素质的好坏，一方面取决于人体结构方面的变化，另一方面则取决神经系统支配骨骼肌的机能状态。网球运动员发展柔韧素质，可以在一定程度上让中枢神经系统调节对抗肌的协调性得到充分的有效性改善，让肌肉放松和紧张的能力得到进一步的快速提升，同时使肌肉更加协调，这样可以大大增加肌肉的活动伸展度。伸展度的提高对网球力量的发挥有着重要的影响，特别是对速度力量的影响，对大力发球、大力扣杀等挥拍速度的力量非常有利。实际上，按照网球运动的特点，网球运动员柔韧素质的三个主要体现包括胯有开度、肩能拉开以及腰膝伸展。所以，网球运动员在开展各种柔韧素质训练的过程中，应该对腰、肩和髓三个关节部位以及周围肌肉、韧带的相关活动能力进行重点的发展与提升。

三、网球运动员的柔韧素质训练

（一）发展一般柔韧素质的训练

（1）双人压肩训练：2名运动员面对面分腿站立成体前屈，两人双臂各搭对方的肩上，一起做上体同时下振动作，也可做左右侧压肩动作，训练时要求腿不能弯屈。

（2）仆步侧压腿训练：运动员左腿伸直，右腿全蹲，两脚掌全着地，左手按左脚背，右手位于两脚间，做下振动作，然后两腿交换训练。侧伸腿要直，逐渐加大振幅。

（3）体前屈训练：运动员站在条凳上，双手向下尽量下移，腿不能弯曲，脚尖的延长线为水平线，低于脚尖水平位置为正分，高于脚尖水平为负分。当双手分别下伸够到最大限度时，要保持 5 秒钟的时间。

（二）发展专项柔韧素质的训练

1. 发展上肢柔韧的训练

（1）运动员在发展上肢柔韧性训练的过程中做上臂屈伸、内外收展、前后环绕等训练。

（2）运动员在发展上肢柔韧性练的过程中做手腕部屈伸、内外收展、顺逆时针转动等训练。

2. 发展下肢柔韧的训练

（1）摆腿训练：运动员在摆腿训练的过程中手稳扶一固定物，左腿和右腿相互交替做左右、前后的摆腿训练。

（2）劈叉训练：运动员在劈叉训练的过程中需要合理地循序渐进，在最开始的时候能够用双手在地面上做支撑，以便于有保护性地缓慢下压。

3. 发展腰部的柔韧训练

（1）俯卧后仰训练：网球运动员在俯卧后仰训练的过程中应该在垫上俯卧，一起进行训练的同伴将下肢稳稳压住的同时，上身作出后仰的动作，需要注意的是在做的过程中要努力做到最大幅度的后仰。

（2）仰卧起坐或俯身起训练：网球运动员在仰卧起坐训练的过程中应该在"腰腹屈伸器"上进行相关的训练。

第五节　协调素质训练

一、协调素质概述

（一）协调能力的概念

协调能力是指运动员在运动中，身体各运动器官、各运动部位配合一致完成动作的能力。它并非一种单纯的身体素质，而是运动员各器官功能、运动素质、心理品质和个性特征及技能储备的综合表现。

（二）协调能力的分类

一般协调能力支配各种运动技能的形成和发展，是专项协调能力的基础。

专项协调能力是运动员迅速、准确、流畅地完成各专项运动动作的能力，包括各专项运动特殊要求的协调性。

（三）协调能力的意义

协调能力是运动员形成与掌握运动技术的重要基础，它反映着运动员快速、准确、有效地完成各种难度动作，负荷特定训练目标的能力。

（四）影响协调能力的因素

1.遗传、中枢神经系统及感觉器官的灵活性与准确性

协调能力和神经系统的功能关系密切，而神经系统功能主要是由遗传决定的。

2.其他运动素质的发展水平与运动技能的储备

协调能力在很大程度上依赖于身体素质的水平。运动员掌握的技术越多，建立新的条件反射就越容易，越能表现良好的协调能力。

3.运动员个性心理特征

协调能力在一定程度上和众多心理品质有着十分紧密的关系，如思维敏捷、顽强意志等，因此，运动员的心理品质和特征影响协调能力的发展与提高。

二、网球运动员协调素质的基本要求

（1）多样化的训练方法。用不习惯的部位练习，改变难度进行训练。

（2）针对性地发展各种协调能力。必须结合专项要求进行针对性训练。

（3）增加运动技能储备。运动员的技能储备越大，越能为协调能力的训练创造条件。

（4）与其他身体素质训练结合。

（5）结合战术进行训练。

（6）克服不合理的紧张心理。运动员在完成动作中肌肉的紧张和放松必须有节奏，只有合理的紧张才能培养和提高协调能力。

（7）结合专项需要进行训练。运动过程中的协调能力具有正确性、快速性、合理性、应变性及和谐性等特征，所以要结合专项运动的特点和要求进行训练。

三、网球运动员的协调素质训练

（一）发展协调能力的练习手段

（1）以非常规姿势完成动作，在非常规条件下进行项目的练习。

（2）锻炼对侧肢体的能力。

（3）改变完成动作的速度或频率。

（4）限定完成动作的空间。

（5）改变技术环节和动作，增加辅助动作，提高动作难度。

（6）将已掌握的技能和新技术相结合。

（7）增加练习中与同伴的对抗和阻力。

（8）进行相关和非相关项目练习。

（二）提高协调能力的一些练习实例

运动员的协调能力练习可以在增加练习难度的基础上，或改变常规击球方式的基础上练习。发展协调能力的一些方法可以结合速度和无氧耐力训练一起进行。

（1）用非持拍手击球，或球在左边时用左手握拍击球，球在右边时球拍换到右手击球，或双手持两把球拍左右开弓击球。

（2）同时用两只球做底线抽球练习，或以发球区为有效击球区，两只球同时对抽练习。

（3）教练和运动员隔网相对站在发球线上，教练员连续向空中抛6~8个球，运动员用正手或反手凌空抽球。

（4）教练员送球，运动员连续完成正手高压—反手截击（或截击小球）—反手高压—正手截击（或截击小球）。

（5）教练员喂球的位置，一直从正手位置连续喂6个球到反手位置，运动员移动的时候从右向左，并且回击的时候采用正手回击的方式；或教练员从左到右喂球，运动员从左向右移动，只能用反手击球。

（6）教练员向场地内喂右、中、左三个位置的球，运动员连续完成正手、正手侧身、反手击球三个动作的组合练习。

第六章　网球运动的营养补充与损伤处理

网球运动现已成为大学生参与健身运动的一个重要项目，在网球教学训练中，应加强对网球运动的营养补充与损伤处理，保护身体健康成长。本章从网球运动与大学生运动营养补充、网球运动与大学生运动损伤处理这两个方面进行论述。

第一节　网球运动与大学生运动营养补充

众所周知，构成集体组织的重要物质基础就是营养，而运动则可促进营养的吸收和利用，增强身体机能。因此，在进行网球教学训练时，必须注意进行合理的营养补充。只有在合理的营养供应下，才有可能取得理想的运动效果。

一、网球运动中营养补充的基本原则

健康的饮食营养即合理的饮食结构、均衡的营养补充，是指饮食中所含有的营养素应种类齐全、比例合适、数量充足，能满足人体生理和健康需要。摄取食物是人的本能，各种不同的营养素在机体代谢过程中有不同的功能，它们既有密切的联系，又不能相互代替。从营养学的角度来看，粮谷类食品为人体供应热能，肉食供应蛋白，水果蔬菜可供给维生素、矿物质以及食物纤维。如果膳食中某些营养素过多或不足，体力活动减少、膳食营养不合理，均会影响人体正常的新陈代谢而损害人体的健康。因此，为达到科学合理的营养状态，在进行营养补充时，应遵循以下几个基本原则：

（一）坚持全面性原则

要实现膳食营养的合理性，必须做到营养成分全面均衡，营养搭配因人而异。日常的饮食中应包括人体所需要的七大营养素，以维持人体正常的生理功能的需

要。自然界中没有任何一种食物能够全部满足人体所需的各种营养素，所以就必须充分利用自然界的各种食物，组成营养素种类齐全、比例合适、数量充足的完全饮食。同时营养成分的全面性还要求各种营养素之间应有适当的比例关系。各营养素都有其独特的、不可替代的生理功能，对人体的供应量也不尽相同，因此，要根据人体的需要进行合适比例的补充。

（二）坚持互补性原则

机体对营养的需求是多样的，一种或少量的几种营养或事物满足不了机体的正常需要，只有各种食物合理搭配，才能实现营养成分的互补，满足机体的需要。营养成分的互补性要求我们在选择食物时应尽量多样化。充分利用自然界的各种食物，合理搭配，不能长期单吃一类或一种食品。尤其在进行网球等运动锻炼时，更要增加食物的种类，日本规定成人每天吃 30 种食物，美国政府也规定成人每天要吃 4~5 种原粮。蒸馒头加豆浆、赤豆稀饭加面包、小米糯米粥、玉米粉加小麦粉做成馒头或烙饼等巧妙的搭配，不仅符合我国的饮食习惯，还在一定程度上改善了主食的单调性，较好地做到了营养成分的互补。

（三）坚持合理性原则

合理性原则主要是指饮食制度的合理性。饮食制度在遵循人体生理活动的基本规律的基础上，要适合自身的身体发育、发展和自己的饮食习惯。一般来说，三餐热能的分配是早餐 30%，午餐 40%，晚餐 30%。而很多大学生早饭一般摄入量很少，质量很差，达不到一般的饮食营养需求。现实情况是，大学生上午课程紧张，脑力和体力消耗极大，需要大量的热能供给，而大脑的热能供给只能依靠血糖，因此，不合理的饮食满足不了机体对营养和能量的基本需求，就会造成血糖下降，影响了学习和正常的活动。由此可见，对于大学生来说，合理的饮食应该是：早饭应摄入鸡蛋、牛奶等热量较高的食物，以保证学生大脑活动的热能需要，使他们课堂注意力集中、学习能力提高，并且对保持身体长久的健康有着重要的意义；晚饭要适量，因为饭后血脂浓度增高，睡觉后血流速度减慢，大量血脂容易沉积在血管壁上，极易造成血管硬化。

二、网球运动中需要补充的营养素

（一）糖类

糖类在能量代谢中作用十分重要，对人体运动能力有很大影响。糖是运动中的重要能源物质。运动时肌肉的摄糖量为安静时的 20 倍以上。体内糖的储存量与运动能力成正比关系，运动时体内糖储备将被大量消耗，血糖水平会有一定程度的降低。运动前和运动中合理地补充糖，可以减少糖原消耗，提高血糖水平，有利于提高运动能力。运动后补充糖能够以维持正常血糖水平，保障大脑的正常功能，促进糖原储备的恢复。

在运动过程中，对于糖的补充，要注意运动前 30～90 分钟内不要直接吃糖，那样会引起在运动时出现胰岛素水平降低，影响糖代谢。补糖不是直接吃白糖，直接吃糖不仅会使血糖浓度增加，还会增加胰腺的负担。应在运动后 1～2 小时之间补充糖分，这样补糖效果会更好。补糖要适量，不宜过多，否则会造成能量过盛，导致体重增加，影响运动能力。另外，还要注意的是，运动后的进餐应以含糖丰富的食物为主，谷类（如米、麦、高粱、玉米等）、豆类和根茎类（如白薯、土豆）及含维生素 B 较多的食品（如蔬菜、肝、蛋等），这样有助于能量的转化。

（二）蛋白质

蛋白质与人的运动能力密切相关，肌肉收缩、氧的运输与储存离不开蛋白质，蛋白质可为运动时肌肉耗能提供 5%～15% 的能量。长时间运动会耗尽身体内的糖类储备，这个时候会分解体内的蛋白质作为能量来源，而赛后身体更加需要蛋白质来修复损耗的肌肉组织。蛋白质的补充可选择支链氨基酸、谷氨酰胺和增肌粉等氨基酸和蛋白质补剂。另外，运动引起肌肉蛋白的分解，又促进蛋白的合成，使肌肉变得更粗，发生超量恢复。所以，经常参加体育锻炼的人，对蛋白质的需求量增加，摄入量高于普通人群。运动员的蛋白质供热量可为一日总热量的 15%～20%，蛋白质来源中有 1/3 优质蛋白质为好。不过蛋白质的摄入也要适度，摄入过多蛋白质，也会影响机体的正常代谢。

（三）脂肪

在氧充足的情况下，脂肪是长时间运动的主要能源。一般是在运动强度小于最大耗氧量 55% 时，脂肪酸才能氧化供能。网球运动的强度较大，尤其是长时间的训练，对脂肪的供能有一定的依赖性。适度地进行网球运动练习时，可使体内三酰甘油和低密度脂蛋白胆固醇减少，而高密度脂蛋白胆固醇增多，这对防治动脉硬化及冠心病等有良好的作用。

（四）维生素

维生素 A、B、C、E 和胡萝卜素等也是抗氧化剂，能抵抗人体运动时产生的对人体有害的过氧化自由基的副作用。体育锻炼使人体热能及各种营养物质的消耗加大，各种酶的活动加剧，维生素也有流失，因此，需要及时补充。运动后也应多食用含维生素丰富的蔬菜和水果，注意维生素的补充。需要注意的是，维生素的补充最好从天然的蔬菜水果中摄取，不要过量地以药物的形式补充，否则会对机体造成一定的负担，影响运动能力。另外，还要遵循营养平衡的原则，以达到事半功倍的营养补充效果，从而增强运动能力。

（五）矿物质

运动时人体内部化学反应加剧，许多矿物质因参与化学反应而消耗，或随着大量出汗排出体外。如果这些元素缺乏，将影响人体的运动能力，并相应产生一些病症。因此，运动后也应该多食用含矿物质丰富的蔬菜和水果，以满足机体对各种矿物质的需求。矿物质的种类繁多，大部分都是机体必需的营养物质，因此，补充矿物质时应注意各种元素的平衡性，不能只注意补充某种元素而忽视补充其他元素，因为它们之间是相互影响的。同时还应注意，矿物质的补充不是一朝一夕之事，而是一个需要长期坚持的过程。

（六）水

失水会严重影响运动能力，一般人的失水量达到体重的 2% 时，工作能力会下降 10%～15%。失水量为体重的 5% 时，运动员的运动能力可下降 10%～30%。人在运动时会大量排汗，会使体液减少，体液减少会产生不同程度的脱水，轻度脱水时心率和体温明显升高，增加了血液黏稠度，血液流速降低，导致运动能力下降；重度脱水可能引起热痉挛、中暑、昏迷等。运动员的水分摄取量以满足失水量及保持水分平衡为原则，人在感觉口渴时，往往已失去相当于 1% 体重的水分。运动员为了预防失水，要采取少量多次补充的饮水方法，最好是间隔 15～20分钟喝 200～300 毫升水。在补水时，要注意水温在 8～14℃为宜。饮料最好是接近血浆渗透压的淡盐水或运动饮料。开始运动前 10～15 分钟要适量饮水。

三、网球运动与营养膳食平衡

（一）各种营养素摄入量的平衡

每种营养素都有独特的营养功能，对机体的营养供给也有其独特的特点，因此，应根据机体的需要，合理地摄入一定量的营养素。中国营养学会制定了各种营养素的每日供给量，膳食中所摄入的各种营养素在一定时期内，保持在标准供给量上下误差不超过 10% 的范围。保持这种相互间的比例，即可称之为营养素间的基本平衡。营养学家建议，每日约摄入 20 多种各类食物大约 1500 克，才能基本保证平衡膳食的要求。由此可见，在进行网球运动教学训练过程中，要根据各自的身体素质和具体运动强度、时间等特点，合理补充各种营养素，保证健康水平，提高运动能力。

（二）热量营养素构成平衡

糖类、脂肪、蛋白质均能给机体提供热量，故称为热量营养素。当这三种物质摄入量适当时，各自的特殊作用方可发挥并互相起到促进和保护作用，这种情况称之为热量营养素平衡。只有达到这种能量比例，这三种营养素在体内经过生理燃烧后，分别给机体提供的热量才会达到热量营养素平衡。糖类、蛋白质和脂肪三者之间是相互影响的，如果它们之间的比例失衡，对人体健康是不利的，进而会影响运动能力的发展和提高。当膳食中糖类摄入量过多时，热量比例会增高，破坏三者平衡，出现体重增加，增加消化系统和肾脏负担，减少摄入其他营养素的机会；当膳食中脂肪热量提供过高时，将引起肥胖、心脏病和高血压；当蛋白质热量提供过高时，则影响蛋白质功能的发挥，造成蛋白质浪费，影响体内氮平衡。相反，当糖类和脂肪热量供给不足时。就会削弱对蛋白质的保护作用。因此，在进行网球运动的过程中，要时刻注意热量的消耗与营养素的补充，以保证运动能力的正常提高。

（三）酸碱平衡

人体血液在正常情况下，因为自身具有一定的缓冲作用，所以 pH 会保持在 7.3～7.4 之间。机体内酸碱平衡，也是营养素平衡的一大重要表现。人们只有食用适量、合理的酸性和碱性食物以后，才会使体液的酸碱达到平衡。如果食品的搭配不合理，则会在一定程度上使体内的酸碱失调，从而最终导致机体内其他营养素的不平衡，对身体健康产生非常严重的影响。苹果、萝卜等在日常生活中是比较常见的碱性食品；大米、鸡肉等是日常生活中比较常见的酸性食品。如若食品的搭配不合理，在膳食中酸性食品超过身体需要的数量，使血液呈现偏酸性，颜色加深的同时，黏度也有一定的增加，甚至导致身体的酸中毒。除此之外，还会使体内钙、钾等众多离子的消耗进一步增加，引起身体的缺钙。通常情况下，我们将此种现象称之为酸性体质，它会对人们身体健康产生极大的影响，不利于人体的健康发展。由于我国是以酸性食品为主要饮食内容的，因此，会偏酸性，这就需要多食用一些碱性食品进行中和，如多吃新鲜的蔬菜和水果等。人们在进行网球运动或者训练之后，由于身体内会产生大量的酸性代谢产物，所以此时应该尽可能多地摄入碱性食品，使体内的酸碱维持一定的平衡，以便于使运动能力得到快速的提升。

四、网球运动者膳食营养的总体安排

（一）食物的数量与质量应合理

在食物搭配上，应关注大米、面和馒头等主食的科学摄入。主食中含有丰富的糖类，能提供给运动者充足的能量。快速释放能量的糖类会在人体内制造压力，刺激皮质醇的产生。因此，网球运动者在锻炼时，不应该将食用葡萄糖、糖果以及其他添加糖分的食品作为首选，同时要避免进食过多的肉类。目前，国内的网球运动者缺乏蛋白质的现象已经很少见，但吃过多的肉食不仅不会给人体提供高能量，反而会给身体带来许多负担和危害，例如，高脂血症和冠心病等疾病的发生。动物性蛋白质和植物性蛋白质的比例要适宜，应多喝牛奶和吃豆制品以代替部分肉类。吃各种各样蔬菜和水果，特别应强调增加生食的蔬菜，以减少营养素的损失。少吃或不吃油炸食物、肥猪肉、烤鸭、腊肉、奶油等，它们可能带入体内过多的脂肪，引起肥胖。

（二）食物应当营养平衡和多样化

酸性食物或碱性食物不是指味道酸或碱的食物，而是指食物经过消化吸收和代谢后产生的阳离子或阴离子占优势的食物。因此，不能把食物的味道作为区分酸性或碱性食物的依据。因为运动后人体内的糖类、脂肪、蛋白质被大量分解，产生乳酸、磷酸等酸性物质。这些酸性物质会刺激人体组织器官，会使人的体液更加酸性化，不利于肌肉、关节和身体功能的恢复，严重时还会引起酸中毒而影响健康。所以，在运动后不宜大量食用大鱼大肉等酸性食物，而应多食用一些蔬菜、豆制品、水果等碱性食品，以保持人体内的酸碱平衡，从而达到消除运动疲劳的目的。

（三）重视一日三餐的合理营养

网球运动者应该根据每天的锻炼量，科学搭配三餐食物种类和数量，不能单纯根据自己的喜好来选择食物。同时，网球运动者应该合理规划两餐之间的间隔和每餐的数量与质量，使进餐与日常生活制度和生理状况相适应，并使进餐与消化吸收过程协调一致。合理的膳食制度，有助于提高劳动和工作效率。遵循我国人民的生活习惯，两餐的间隔以4～6小时为宜。各餐数量分配要适合锻炼的需要和生理状况，较适宜的分配是早餐占全天总热能的25%～30%，午餐占全天总热能的40%，晚餐占全天总热能的30%～35%。

五、网球运动营养补充的误区

（一）强调特殊营养的补充，忽略基础营养的摄入

在营养补充的过程中，网球运动者常进入一个误区：过分关注特殊营养的补充，认为特殊营养补充可以提高身体机能，而忽视了基础膳食营养的作用，造成了基础膳食营养和特殊营养摄入的失衡。事实上，只有在保证了基础营养的前提下，再根据运动项目的特点补充特殊营养，才能充分发挥强化营养的作用。

（二）强调宏量营养素摄入，忽略微量营养素的摄入

在宏观营养素的摄入方面，网球运动者通过吃一些高脂肪、高蛋白、高热量的食品来加强营养，但是脂肪和蛋白质摄入过多对运动能力却是有害的。高蛋白质和高脂肪膳食不仅造成热量摄入过剩，还会对机体的内脏器官造成负担，影响机体对其他营养素的吸收。同时还会造成运动者体质酸化，影响机体的恢复。部分运动者存在着维生素 A、维生素 B、维生素 C 摄入不足以及钙、铁、锌摄入不足的情况，造成运动能力和身体功能下降的问题，影响身体健康。

（三）强调蛋白质补充，忽略碳水化合物摄入

由于蛋白质是维持生命活动最重要的营养素，因此运动者力求通过摄入更多的蛋白质来促进身体机能的恢复。运动者普遍持有的观点是膳食中摄入的肉越多，越有营养；相反，主食如米、面和一些新鲜的含碳水化合物的食物摄入则几乎被忽略。

第二节　网球运动与大学生运动损伤处理

网球运动是一项集速度力量于一身的较大运动负荷的体育项目。虽然不像足球、篮球等运动项目那样具有频繁的身体接触和身体对抗，但在网球运动中，由于准备活动不充分，身体素质差，对网球运动的特点规律认识不足，加上不合理的用力动作，错误的击球动作，运动保护措施不当等因素，都可能导致网球运动中的运动性损伤。

一、网球运动损伤的概述

由于网球运动没有身体接触和对抗，因此网球的大多运动损伤都取决于运动者本身的素质。网球的运动损伤有以下特点：

（1）网球运动损伤多为运动者肌肉、关节处的慢性损伤。

（2）网球对运动速度和灵敏度要求较高，同样容易出现肌肉、韧带、关节的急性拉伤、扭伤。

（3）网球运动不易出现暴力导致的骨折损伤。

预防运动性损伤，第一，要做好运动前的体检，了解自己的身体情况，以便制定适合自己的运动方案；第二，锻炼要适量，循序渐进，切忌盲目加快进度，加大负荷；第三，熟悉场地和器材性能，掌握正确的技术动作及要领；第四，掌握一定的医学保健常识，加强自我保护意识；第五，重视并认真做好准备活动和放松活动；第六，选择合适的运动鞋等网球装备，合理使用保护用具，如护踝、护膝、护腕等。

二、常见网球运动损伤的原因

（一）缺乏对运动损伤预防的正确认识

在思想上不重视运动损伤的发生，常与体育教师、教练员和体育锻炼者对预防运动损伤的意义认识不足或麻痹大意有关。多存在着某些片面认识，平时不重视安全教育。在锻炼和比赛中，未积极采取各种行之有效的预防及保护措施，在发生运动损伤后又不认真分析原因、总结经验，从而导致运动损伤时常发生。

（二）运动安排不合理

1. 缺乏合理的准备活动

准备活动的作用是进一步提高中枢神经系统的兴奋性，增强各器官系统的功能活动，使人体从相对的静止状态过渡到紧张的活动状态，使神经系统、运动系统和内脏器官充分动员，以适应正式运动的需要。首先，如果未做准备活动或准备活动不充分，都将因肌肉的力量、弹性和伸展性不够而致伤；其次，若准备活动量过大或准备活动与专项运动结合得不好或未做专项准备活动，及准备活动未遵守循序渐进的原则等，都容易受伤。

2. 运动负荷过大

体育锻炼的时间过长、频率过高、运动量过大，使机体所承受的运动负荷达到或超过极限，且未能得到充分休息和完全恢复，极易因疲劳连续积累导致过度训练。过度训练是运动损伤的主要原因之一。

3. 运动组织方法不当

在运动中，不遵守循序渐进、系统性和个别对待的原则，以及比赛的年龄分组原则；在组织方法方面，学生过多，缺乏保护和自我保护意识、教师又缺乏正确的示范和耐心细致的教导、组织性纪律性较差、在非投掷区练习投掷或任意穿越投掷区，以及比赛日程安排不当、比赛场地和时间任意更改，允许有病或身体不合格的人参加比赛等，这些都可成为受伤的原因。同时对运动规则的认识不够，在运动中互相逗闹，动作粗野，恶意犯规等，这都是运动时容易发生损伤的重要原因。

4. 身体状态和心理状态不良

运动参与者在睡眠或休息不好、患病受伤或伤病初愈阶段，以及疲劳时肌肉力量、动作的准确性和身体的协调性显著下降，警觉性和注意力减退，反应较迟缓，此时参加剧烈运动或练习较难的动作，就可能发生损伤。锻炼者的心理状态不良时也容易发生运动损伤，如心情不好、情绪低落或急躁、缺乏锻炼知识和经验、好奇心大、好胜心强、不顾主观和客观条件，盲目地或冒失地参加运动。

三、网球运动中常见损伤的处理

（一）水泡

1. 原因与症状

水泡是因长时间运动摩擦而导致皮肤下面出现小范围的组织液渗出现象。网球运动员水泡出现的部位有很多，如指关节内侧，前脚掌等。在网球运动当中出现水泡的原因多种多样，如平时锻炼较少、握拍太紧、鞋底硬等诸多因素。出现水泡的部位会伴随着非常明显的疼痛感，最终会影响技术动作的规范和准备性。

2. 处理方法

水泡的处理原则是最大限度的减少和避免感染，一定不可以忍着疼痛将表皮撕掉，应使用消毒针，刺穿水泡，挤出积液，等患处自然干燥，避免新的摩擦刺激，数日后便自然好转。

（二）膝关节内侧副韧带损伤

1. 原因与症状

膝关节内侧韧带损伤，是膝关节弯曲时小腿突然外展外旋，或者当小腿与足部固定的时候大腿突然内收内旋，最终导致膝关节内侧副韧带损伤。膝关节外侧韧带损伤，主要指的是膝关节弯曲的时候小腿突然内收内旋，或足固定时大腿突然外展外旋所致。半月板伤是膝关节在屈伸过程中同时有膝关节的扭转、内外翻动所致。韧带损伤后，膝关节肿胀、疼痛，扭伤部位有压痛，周围肌肉痉挛，活动受限，膝关节不敢用力伸展，轻度跛行。若膝侧韧带完全断裂时，伤部可触及韧带断裂的凹陷，功能完全丧失。半月板受伤时，膝内常伴有清脆的响声。

2. 处理方法

轻度损伤，局部外敷伤药，内服消肿止痛药。肿痛减轻后，再进行按摩、理疗、针灸。部分韧带撕裂者，早期局部冷敷，加压包扎，抬高患肢，固定膝部，内服止痛药；48 小时后可进行按摩、理疗、外敷或内服中药。韧带完全断裂者，一旦确诊，应尽早手术缝合。手术后要积极进行功能性锻炼，促使早日康复。

（三）踝关节扭伤

1. 原因与症状

踝关节扭伤是体育锻炼中常见的一种关节韧带损伤。常因快速奔跑后的急停，跳起后落地姿势不正确，或落地时地面不平而导致踝关节内翻或者外翻。网球运动员受伤的部位疼痛感和肿胀感明显，同时韧带损伤的部分伴有一定的压痛以及皮下淤血。

2. 处理方法

发生踝关节扭伤后应立即用冷水冲洗或冷敷（放上清洁的凉毛巾或冰块），用绷带固定包扎，并抬高患肢。24 小时内不得按摩、热敷等。24 小时后根据伤情进行外敷药、理疗、按摩等治疗。

（四）腱鞘炎

1. 原因与症状

跨越手指、肩等部位的肌腱是腱鞘的主要分布点，减少肌腱在活动的过程当中和相邻肌腱的摩擦是腱鞘的主要作用。在网球运动的过程中，因为网球运动员独特击球动作的特点，使这些部位的腱鞘受到过度摩擦或挤压而引起腱鞘发炎。

腱鞘炎大多数情况下是由于局部运动量过大，最终产生的不适应炎症反应之一，并且伴随着一定的压痛感和疼痛感。大多数发生的部位在手腕、肩前部等，是体育运动中常见的一种劳损性伤病。

2. 处理方法

网球运动员应该在腱鞘炎急性阶段减少或者停止相关的网球运动，并且对腱鞘炎进行积极的后续处理，最大限度地减少和避免发展成为慢性的腱鞘炎。

（五）大腿后群肌肉拉伤

1. 原因与症状

闭合性软组织损伤中最常见的一种是大腿后群肌肉拉伤。损伤的原因主要有两种：一是被动拉伤，二是主动拉伤。大腿后群肌肉容易被拉伤的部位大多数是肌腹和坐骨结肌腱的附着点。大腿后群肌肉拉伤的症状主要有以下几点：

第一，网球运动员在大多数情况下伴有一定的急性损伤历史，在受伤的时候可能听到断裂的声音。

第二，网球运动员大腿后群肌肉拉伤的属于轻伤，疼痛面积不大，仅仅局限于受伤的部位。网球运动员虽然休息的时候不会感觉到疼痛，但是在重复受伤动作的时候会感觉到非常明显的疼痛。

第三，网球运动员大腿后群肌肉拉伤比较严重的，大多数处于屈曲位，有非常明显和剧烈的疼痛感，走路比较困难。

第四，网球运动员大腿后群肌肉拉伤处压痛明显，肌肉和其他地方的肌肉相比明显发紧，甚至可以摸到硬结。大腿后群肌肉完全断裂的网球运动员，不仅可以摸到中间的凹陷处，还可以摸到膨大的两断端。

第五，网球运动员大腿后群肌肉拉伤，无论是主动收缩还是被动拉长，都会产生非常明显的疼痛加重现象。

2. 处理方法

第一，网球运动员在大腿后群肌肉拉伤后，应该立即快速地进行加压包扎处理。

第二，网球运动员在大腿后群肌肉拉伤后，应该用冰块或者冷水冷敷 4 到 6 个小时，同时抬高患肢，使其得到更好的休息。

第三，网球运动员在大腿肌肉后群拉伤的 24 小时后，可以重新外敷上药，对拉伤部门的疼痛点采取药物注射、按摩等处理方法。

第四，大腿后群肌肉拉伤比较严重的网球运动员应该在进行急救处理后立即送往医院，在大腿肌肉完全断裂的时候，应该及早采用手术缝合的处理方法。

（六）网球肘

1. 原因与症状

网球肘又称"肱骨外上髁炎"，是网球运动中最常见的运动损伤。

腕指伸肌突发生的剧烈收缩，导致严重牵连腕伸肌总腱附着点的骨膜，最终引起网球运动员的损伤出血，继发性粘连或者肱桡关节滑囊的慢性劳损，粘连组织在伸肌群收缩时则会出现疼痛。主要症状如下：

第一，网球运动员没有非常明显的受伤历史，网球肘的症状逐渐显现或呈现出来。

第二，网球运动员早期在做某一网球动作或网球技术的时候，肘关节外侧会产生疼痛的现象，同时随着病情的发展，肱骨外上髁部位发生持续性的疼痛现象，并且存在向上臂或者前臂放射的可能性。

第三，网球运动员在做出反手击球、拧毛巾，或者扫地动作的时候疼痛症状会比较明显。

第四，在用力按压网球运动员肘关节外侧的时候，会产生非常明显的压痛。

第五，网球运动员网球肘比较严重的患者，在握物的时候会没有力气，在提重物的时候提不起来，甚至还有一定的可能性突然发生不可抑制的无力感，导致丢掉手中提着的物品掉落。

第六，网球运动员的前臂桡侧上段软组织有比较轻度的肿胀、压痛以及僵硬。

第七，网球运动员的伤肘微屈，前臂旋转之前，让腕关节微微屈曲，在腕关节有外力加入的同时，对腕关节进行用力的背伸，肱骨外上髁会产生非常明显的疼痛感。

2. 处理方法

第一，网球运动员在处理网球肘的时候，可以采用综合性的治疗方法，如手法按摩、针灸等，通常情况下可以获得比较满意的治疗效果。

第二，网球运动员在用前臂与手腕活动的过程中，戴护肘或者弹性绷带将前臂肌腹处进行充分缠绕，可以让网球运动员最大限度地减轻或缓解疼痛。

第三，如果网球运动员在经过长时间的治疗以后，没有取得比较满意的效果，那么可以考虑通过手术治疗的方式来处理。

参 考 文 献

[1] 李家辉 . 陕西高校课余网球训练中存在的问题及对策研究 [J]. 文体用品与科技，2022（12）：163-165.

[2] 曹颖 . 多球训练在高校网球教学中运用的途径对策 [J]. 网球天地，2022（6）：74-76.

[3] 陈晨，袁泽昊 . 浅析网球专项体能训练方法 [J]. 网球天地，2022（6）：101-103.

[4] 魏启星，刘庆卓 . 大学网球公选课学生学习兴趣培养与保持 [J]. 内江科技，2022，43（5）：73-74，81.

[5] 许鹏举，秦超群，张积众 . 网球正手击球技术的生物力学分析 [J]. 冰雪体育创新研究，2022（10）：149-151.

[6] 张秀林 . 网球训练中肘关节损伤的原因及其防治方法探究 [J]. 网球天地，2022（5）：81-83.

[7] 刘蕊 . 青少年网球运动员体能训练方法研究 [J]. 田径，2022（5）：30-32.

[8] 张文龙 . 青少年网球运动员击球节奏教法探讨 [J]. 体育视野，2022（8）：110-112.

[9] 徐斌 . 大学生网球练习者发球技术与训练 [J]. 网球天地，2022（4）：83-85.

[10] 孙士杰 . 核心力量训练在高校网球训练的实践研究 [J]. 西安文理学院学报（自然科学版），2022，25（2）：84-88.

[11] 杨洪芬 . 综合疗法治疗网球肘的疗效观察 [J]. 中医外治杂志，2022，31（2）：12-14.

[12] 刘亚 . 网球训练中墙球练习的内容与意义 [J]. 知识窗（教师版），2022（3）：57-59.

[13] 陶思慧 . 网球比赛中运动员心理战术的应用与培养研究 [J]. 内江科技，2022，43（3）：103-104.

[14] 王玉 . 网球运动员竞技动机相关研究 [J]. 网球天地，2022（3）：90-93.

[15] 吴杰，胡乔，金成.2021年美国网球公开赛男单决赛技战术分析 [J]. 湖北体育科技，2022，41（3）：258-261，266.

[16] 薛敏.移动步法在网球技术战术中作用的研究 [J]. 文体用品与科技，2022（5）：157-159.

[17] 朱靖靖.青少年网球运动员体能训练理念与内容研究 [J]. 冰雪体育创新研究，2022（4）：152-154.

[18] 武文龙.我国网球运动文化的发展与创新研究 [J]. 文化学刊，2022（2）：205-207.

[19] 魏伟.网球课堂教学中基于全程训练的网球墙练习模式研究 [J]. 网球天地，2022（2）：74-76.

[20] 王硕.高校网球体育运动教学的困境和对策探究 [J]. 网球天地，2022（2）：77-79.

[21] 周海新.影响网球运动员体能的因素及其提升路径规划 [J]. 网球天地，2022（2）：95-97.

[22] 李满煜，郭可源.高校业余网球爱好者运动损伤预防策略研究 [J]. 网球天地，2022（2）：101-103.

[23] 大侠.网球鞋的正确穿着方法 [J]. 网球天地，2022（2）：104-107.

[24] 姚焘.网球专项学生技术动作形成影响因素分析 [J]. 冰雪体育创新研究，2022（3）：173-175.

[25] 赖向东.在加强大学生网球训练中渗透体育核心素养 [J]. 田径，2022（2）：29-30.

[26] 苏洋洋，赵迎山，李杭远.大学生网球运动员运动损伤分析与预防 [J]. 高师理科学刊，2022，42（1）：62-68，94.

[27] 黄祥富.浅析如何通过系统的训练来提高网球技术 [J]. 拳击与格斗，2021（12）：88-89.

[28] 闫娟.表象训练对高校网球运动员正反手击球准确性的影响 [J]. 冰雪体育创新研究，2022（1）：158-160.

[29] 范刘锋.软梯训练在网球体能训练中的应用 [J]. 冰雪体育创新研究，2022（1）：161-163.

[30] 刘磊.透过场地变迁看网球大满贯赛事发展 [J]. 新体育，2021（24）：11-13.